韓国語で PERAPERA北海道

スルスル
術術

趙恵真・小川紗世
Cho Hyejin　Ogawa Sayo

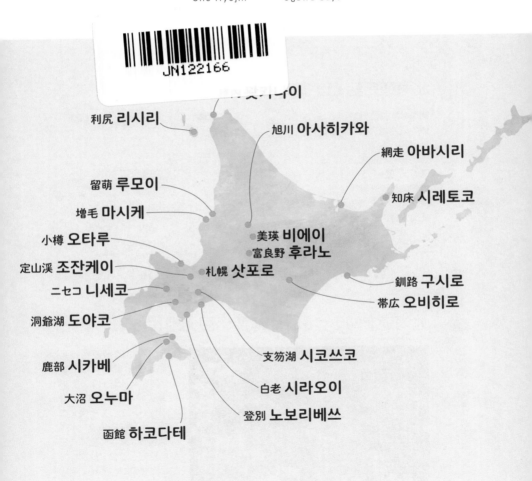

JN122166

利尻 리시리

旭川 아사히카와

網走 아바시리

知床 시레토코

留萌 루모이

増毛 마시케

美瑛 비에이
富良野 후라노

小樽 오타루

定山渓 조잔케이

札幌 삿포로

ニセコ 니세코

洞爺湖 도야코

釧路 구시로

帯広 오비히로

鹿部 시카베

支笏湖 시코쓰코

大沼 오누마

白老 시라오이

登別 노보리베쓰

函館 하코다테

北海道新聞社

本書について

本書は北海道に住む人や北海道を愛する人々が、韓国語で北海道について紹介する際の手助けとなることを目的に作られました。北海道の観光地から「衣食住」に関することまで、改めて北海道について理解するとともに、韓国語での紹介フレーズや単語を学べる新しい形式の本となっています。

　語学学習は楽しく学ぶことが何より大事。本書はイラストや写真を用いて楽しく学べるよう工夫を凝らしました。本書が学習者の皆さんにとって有益なものとなること、そして北海道の魅力がより多くの人々に伝わることを願っています。

コンテンツ

1 北海道を話そう「Phrase」

簡単な挨拶表現や、北海道の観光地を紹介するフレーズ、レストランや空港・病院で使えるフレーズなど盛りだくさん！付属の音声を聴きながら声に出してみましょう。韓国旅行の際に使えるフレーズもありますよ。

ワンポイント

2 北海道を知ろう①「北海道の観光地」

日本語

韓国語訳

ワンポイント

ここでは北海道各地の観光名所を紹介しています。対訳も付いていますので、実際の紹介フレーズとしても使えます。下部にあるワンポイントでは文中に出てくる単語をピックアップしていますので、併せて活用してください。

3 北海道を知ろう②「北海道の基礎知識」

北海道のローカルチェーン店やご当地グルメなど、北海道の常識を改めて見てみると、意外な発見があるかも!? 対訳を見ながら、北海道の魅力を伝えましょう。

日本語 / 韓国語訳 / ワンポイント

---

4 語彙を増やそう「イラストで学ぶ！韓国語」

ちょっと一息！ かわいいイラストとセットで覚えることで学習効果もより高まります。同時に、北海道でよく取れる農産物や海産物などについても知ることができます。ペン活やSNS用語も。

---

5 韓国を知ろう「韓国の基礎知識」

韓国に関する知識はここでチェック。韓国の世界遺産や交通、温泉などを幅広く紹介します。皆さんが訪れたことのある観光地はありますか？

一緒に楽しく学ぼう！
즐겁게 같이 공부해요！

表記について

▶ 本書独自の表記ルールでルビ（ふりがな）を振っています。実際の発音になるべく近づけているため、「ッ」「ル」「ク」など、発音が難しい箇所もあると思いますが、音声（P6参照）を繰り返し聞いて少しずつ慣れていきましょう。

▶ 本書の名称における「つ」のハングル表記は、地名は「ㅆ」、それ以外には「ㅊ」を用いています。

目次　목차

【Phrase 🔊】

音声について 🔊

本書に掲載したPhrase 01〜25を日本語＋韓国語で収録。該当ページをパソコンやスマートフォンの画面に表示させながら聞くことができます。

下記のURLまたは二次元コードからアクセスしてください。

https://www.youtube.com/playlist?list=PLr9y7OlhAb6YSjzf_amuLMV0CfMbYIalS

ナレーター

日本語：小川季夏 ／ 韓国語：趙　恵真

＊音声は、本書をお買い上げくださった読者へのサービスとして無料で提供しています。音声が聞けないことを理由にした書籍の返品には応じかねますので、あらかじめご了承ください。

＊本サービスは予告なく終了することがあります。

アンニョンハセヨ
韓国 ▶▶▶ 北海道

Phrase 01 アンニョンハセヨ
こんにちは

1. 안녕하세요.
アンニョンハセヨ
こんにちは。
👉 朝昼晩すべての時間帯で使える。お客さんへのあいさつには丁寧な **안녕하십니까?** を使う。
アンニョンハシムニッカ

2. 처음 뵙겠습니다.
チョウム　ベッケッスムニダ
はじめまして。

3. 반갑습니다.
パンガプスムニダ
お会いできてうれしいです。
👉 カジュアルな言い方は **반가워요.**
パンガウォヨ

4. 이름이 뭐예요?
イルミ　ムォエヨ
お名前は何ですか?

저는 하루노예요.
チョヌン　ハルノエヨ
私は「はるの」です。
👉 より丁寧な言い方は **성함이 어떻게 되세요?**
ソンハミ　オットケ　ドェセヨ
👉 パッチム(最後の子音)がない時は **예요**、パッチムがある時は **이에요**
エヨ　　イエヨ

5. 몇 살이에요?
ミョッ　サリエヨ
おいくつですか?

23살이에요.
スムルセサリエヨ
23歳です。
👉 年齢(**살**)は固有数詞を使う。
サル
👉 (漢数詞)**년생이에요.**(〇〇年生まれです)と答える場合もある。
ニョンセンイエヨ

6. 잘 부탁합니다.
チャル　ブタカムニダ
よろしくお願いします。
👉 カジュアルな言い方は **잘 부탁해요.**
チャル　ブタケヨ

7. 잘 먹겠습니다.
チャル　モッケッスムニダ
いただきます。

잘 먹었습니다.
チャル　モゴッスムニダ
ごちそうさまでした。

8. 고맙습니다. / 감사합니다.
コマプスムニダ　　　　　カムサハムニダ

ありがとうございます。

➡ カジュアルな言い方は **고마워요.**（コマウォヨ）
➡ 返事は **아니에요.**（アニエヨ）(いいえ)。**천만에요.**（チョンマネヨ）(どういたしまして)はあまり使われない。

---

9. 죄송합니다. / 미안합니다.
チェソンハムニダ　　　　ミアナムニダ

申し訳ありません。

➡ カジュアルな言い方は **죄송해요.**（チェソンヘヨ）／**미안해요.**（ミアネヨ）
➡ 返事は **괜찮아요.**（クェンチャナヨ）(大丈夫です)。

---

10. 안녕히 가세요. / 안녕히 계세요.
アンニョンヒ　ガセヨ　　　アンニョンヒ　ゲセヨ

さようなら（見送る人が使う）／ さようなら（去る人が使う）

➡ 両者がその場を去るときは **안녕히 가세요.**（アンニョンヒ ガセヨ）

---

11. 또 만나요.
ット　マンナヨ

また会いましょう。

---

12. 실례합니다. / 실례했습니다.
シルレハムニダ　　　　　シルレヘッスムニダ

失礼します。 ／ 失礼しました。

---

13. 수고하세요. / 수고하셨어요.
スゴハセヨ　　　　　　　スゴハショッソヨ

お疲れさまです。 ／ お疲れさまでした。

---

14. 안녕히 주무세요.
アンニョンヒ　ジュムセヨ

おやすみなさい。

イベント
이벤트

松前さくらまつり (4月／松前町)

마쓰마에 벚꽃 축제 (사월／마쓰마에초)

北海道唯一の城下町である道南の松前町は桜の名所として知られています。歴史ある松前城を中心に、250種の桜が1万本も植えられています。

홋카이도에서 유일한 조카마치(성을 중심으로 생긴 도시)인 홋카이도 남부에 있는 마쓰마에초는 벚꽃 명소로 알려져 있어요. 역사 깊은 마쓰마에 성을 중심으로 이백오십 종류의 벚꽃이 만 그루나 심어져 있어요.

ナプルナプル
나풀나풀～
ひらひら～

● 雄武漁協毛がにまつり (4月／雄武町)
● さっぽろライラックまつり (5月／札幌市)

봄 春

여름 夏

北海道バルーンフェスティバル (8月／上士幌町)

홋카이도 열기구 페스티벌 (팔월／가미시호로초)

1974年に全国で初めて開催された熱気球の大会です。毎年8月になると、上士幌町の青空に、全国から集まったカラフルな気球が浮かびます。搭乗体験もありますよ！

천구백칠십사 년에 전국에서 처음으로 개최된 열기구 대회예요. 매년 팔월이 되면 가미시호로초의 푸른 하늘에 전국에서 모여든 컬러풀한 열기구가 떠올라요. 탑승 체험도 있어요!

トゥンシルドゥンシル
둥실둥실～
プカプカ～

● YOSAKOIソーラン祭り (6月／札幌市)
● くしろ霧フェスティバル (7月／釧路市)

ワンポイント ❶벚꽃 桜 ❷명소 名所 ❸그루 (木の数え方) 本 ❹심다 植える ❺열기구 熱気球 ❻떠오르다 浮かぶ

そうべつりんごまつり（10月／壮瞥町）

소베쓰 사과 축제 (시월／소베쓰초)

壮瞥町では、特産のりんごの収穫を祝って、毎年10月にグルメイベントが開催されます。りんご詰め放題や、はずれなしのりんごクジなど楽しいプログラムが盛りだくさん！

소베쓰초에서는 특산물인 사과의 수확을 축하하며 매년 시월에 먹거리 이벤트가 열려요. 사과 무한 담기나 꽝 없는 사과 제비뽑기 등 즐거운 프로그램이 많아요!

> 새빨개요
> セッパルゲヨ
> 真っ赤

- さっぽろオータムフェスト（9月／札幌市）
- あっけし牡蠣まつり（10月／厚岸町）

秋 가을

冬 겨울

さっぽろ雪まつり（2月／札幌市）

삿포로 눈 축제 (이월／삿포로시)

国内外から200万人もの観光客が訪れる雪と氷の祭典。大通会場では約1.5kmにわたって大小さまざまな雪氷像が立ち並びます。人気キャラクターとのコラボや巨大滑り台など、楽しみどころがいっぱいです！

국내외에서 이백만 명의 관광객이 방문하는 눈과 얼음의 제전. 오도리 행사장에서는 약 일 점 오 킬로미터에 걸쳐서 크고 작은 눈 조각과 얼음 조각이 늘어서 있어요. 인기 캐릭터와의 콜라보나 거대한 미끄럼틀 등 즐길 거리가 많아요!

- ミュンヘン・クリスマス市 in Sapporo（11〜12月／札幌市）
- しばれフェスティバル（2月／陸別町）

> 박진감 만점
> パッチンガム マンチョム
> 迫力満点

---

⑦꽝 はずれ ⑧제비뽑기 クジ ⑨눈 조각 雪像 ⑩얼음 조각 氷像 ⑪늘어서다 立ち並ぶ ⑫미끄럼틀 滑り台

Phrase 02　イベント

1. 홋카이도에는 계절마다 여러 이벤트가 있어요.

ホッカイドエヌン　ケジョルマダ　ヨロ　イベントゥガ　イッソヨ

北海道には季節ごとにいろいろなイベントがあります。

---

2. 봄에는 오도리공원에서 '삿포로 라일락 축제'를 해요.

ポメヌン　オドリコンウォネソ　サッポロ　ライルラク　チュッチェルル　ヘヨ

春には大通公園で「さっぽろライラックまつり」があります。

---

3. 첫날에는 라일락 묘목이 무료로 배포돼요.

チョンナレヌン　ライルラク　ミョモギ　ムリョロ　ペポドェヨ

初日にはライラックの苗木が無料で配布されます。

---

4. 홋카이도에서는 만개한 벚꽃나무 아래에서 징기스칸을 먹어요.

ホッカイドエソヌン　マンゲハン　ポッコンナム　アレエソ　チンギスカヌル　モゴヨ

北海道では満開の桜の下でジンギスカンを食べます。

---

5. 여름의 삿포로는 '요사코이 소란 축제'로 활기차요.

ヨルメ　サッポロヌン　ヨサコイ　ソラン　チュッチェロ　ファルギチャヨ

夏の札幌は「YOSAKOIソーラン祭り」でにぎわいます。

---

6. 형형색색의 의상과 파워풀한 댄스가 볼거리예요.

ヒョンヒョンセクセゲ　ウィサングァ　パウォプラン　デンスガ　ポルッコリエヨ

色とりどりの衣装とパワフルなダンスが見どころです。

---

7. '구시로 안개 페스티벌'에서는 유명한 아티스트의 라이브를 볼 수 있어요.

クシロ　アンゲ　ペスティボレソヌン　ユミョンハン　アティストゥエ　ライブルル　ポルッス　イッソヨ

「くしろ霧フェスティバル」では有名なアーティストのライブが見られます。

ワンポイント　❶마다 ごと　❷무료 無料　❸아래 下(⇔위 上)　❹먹다 食べる　❺활기차다 にぎわう

8. 가을에는 먹거리 축제가 많이 있어요.

カウレヌン　モッコリ　チュッチェガ　マニ　イッソヨ

秋には食のイベントがたくさんあります。

---

9. 홋카이도 동부에 있는 앗케시초에서는 '굴 축제'가 열려요.

ホッカイド　トンブエ　インヌン　アッケシチョエソヌン　クル　チュッチェガ　ヨルリョ

北海道東部の厚岸町では「牡蠣まつり」が開かれます。

---

10. '오텀페스트'에서는 홋카이도 각지의 음식을 맛볼 수 있어요.

オトムペストゥエソヌン　ホッカイド　カッチエ　ウムシグル　マッポル　ッス　イッソヨ

「オータムフェスト」では北海道各地の食べ物が味わえます。

---

11. 겨울에 열리는 '뮌헨 크리스마스 마켓'에서는 핫와인이나 독일 요리를 즐길 수 있어요.

キョウレ　ヨルリヌン　ムィネン　クリスマス　マケセソヌン　ハダイニナ　トギルリョリルル
チュルギル　ッス　イッソヨ

冬に開かれる「ミュンヘン・クリスマス市」ではホットワインやドイツ料理が楽しめます。

---

12. 삿포로의 자매 도시인 뮌헨의 전통 행사를 재현한 이벤트예요.

サッポロエ　チャメ　ドシイン　ムィネネ　チョントン　ヘンサルル　チェヒョナン　イベントゥエヨ

札幌の姉妹都市であるミュンヘンの伝統行事を再現したイベントです。

---

13. 일본에서 제일 추운 리쿠베쓰초에서는 '시바레 페스티벌'이 개최돼요.

イルボネソ　チェイル　チュウン　リクベツチョエソヌン　シバレ　ペスティボリ　ケチェドェヨ

日本で一番寒い陸別町では「しばれフェスティバル」が開催されます。

---

14. '시바레'는 홋카이도 사투리로 '심한 추위'라는 의미예요.

シバレヌン　ホッカイド　サトゥリロ　シマン　チュウィラヌン　ウィミエヨ

「しばれ」は北海道弁で「厳しい寒さ」という意味です。

☞ 「しばれる」は「厳しく冷え込む(얼어붙다)」という意味です。

---

❻굴 牡蠣　❼~이/가 열리다 ~が開かれる　❽맛보다 味わう　❾~(으)ㄹ 수 있다 ~ができる　❿심하다 ひどい

ユニークな記念日
독특한 기념일

3月3日 삼겹살데이 (サムギョプサルデー)
^{サムギョプサルデイ}

3月3日はひな祭りですが、韓国ではサムギョプサルデー。日本でもよく知られているサムギョプサル（삼겹살）は、「삼 (3) 겹 (重なる) 살 (肉)」という意味で、豚の三枚肉 (バラ肉) のことです。数字の3は韓国語の発音で「サム」。数字の3が重なることから、3月3日がサムギョプサルデーになりました。2000年代初め、苦しかった畜産業を応援するために制定された記念日です。

4月14日 블랙데이 (ブラックデー)
^{ブルレッデイ}

2月14日と3月14日は韓国でもバレンタインデーとホワイトデー。バレンタインデーには女性が男性にチョコレートをあげ、ホワイトデーには男性が女性にキャンディーやクッキーを返します。では、チョコレートもキャンディーももらえなかった人は？　このような寂しい人のための日がブラックデーです。独り身のための記念日で、恋人がいない人々が集まって黒いソースのかかった韓国風ジャージャー麺（짜장면）を食べます。独り身の暗い気持ちをジャージャー麺の「黒」に例えたユニークな記念日です。

11月11日 가래떡데이 (カレトックデー)
^{カレトッデイ}

11月11日は「ポッキー＆プリッツの日」ですね。韓国にも、大切な人にペペロをプレゼントする「ペペロデー（빼빼로데이）」があります。また同日、韓国には「カレトックデー」があり、カレトック（가래떡）と言われるお米で作られた長い棒状のお餅を食べます。トッポッキに使われることもあるお餅ですね。11月11日は「農業人の日」でもあるため、農家への感謝を込めて、数字の11に形が似たカレトックをいただく日になりました。

お花見と紅葉狩りスポット
벚꽃놀이와 단풍놀이 스팟

韓国のお花見は3月下旬から4月。桜並木を歩いて眺めるのが一般的で、日本のように桜の下で宴会をする習慣はありません。紅葉狩りは10月中旬から始まり、11月初旬にピークを迎えます。韓国のお花見と紅葉狩りスポットを見てみましょう。

お花見
ボッコンノリ
벚꽃놀이
(直訳：桜遊び)

紅葉狩り
タンプンノリ
단풍놀이
(直訳：紅葉遊び)

① 여의도 공원
ヨイド コンウォン
(汝矣島公園、ソウル)

ソウル髄一のお花見スポット。祭り期間中、桜並木周辺は車両通行止めになり、多くの人が満開の桜の下を歩きます。屋台グルメも味わえますよ。

② 석촌호수
ソクチョノス
(石村湖、ソウル)

韓国のテーマパーク「ロッテワールド」を囲んでいる石村湖は桜の名所として有名。超高層タワーに囲まれた都心で楽しめるお花見です。

③ 에버랜드 툴립가든
エボレンドゥ テュルリッカドゥン
(エバーランド チューリップガーデン、京畿道)

桜のほかにも花を楽しめるスポットがあります。エバーランドという遊園地では春に「チューリップガーデン」がオープン。チューリップなど120万本の花々を満喫できます。

⑤ 내장산
ネジャンサン
(内蔵山、全羅道)

「朝鮮八景」の一つで、「美しい紅葉の山」とも呼ばれています。ケーブルカーや紅葉のトンネルも。

⑥ 설악산
ソラクサン
(雪岳山、江原道)

代表的な紅葉スポット。韓国で3番目に標高が高く、登山コースとしても人気の山です。

④ 진해
チネ
(鎮海、慶尚道)

鎮海は韓国海軍基地の街。1.5kmほど続く桜並木が見どころで、春には韓国最大の桜祭り「鎮海軍港祭」が開かれます。期間中は、一般非公開の海軍士官学校を見学することができますよ。

イラストで学ぶ！韓国語

キャンプ
캠프

タープ
タプ
타프

テント
テントゥ
텐트

コーヒー
コピ
커피

本
チェク
책

ペットボトル
ペトゥッビョン
페트병

寝袋
チムナン
침낭

サングラス
ソングルラス
선글라스

ランタン
レントン
랜턴

クーラーボックス
アイスバックス
아이스박스

保冷剤
アイスペク
아이스팩

釣り
ナクシ
낚시

双眼鏡
ツサンアンギョン
쌍안경

石
トル
돌

バケツ
ヤンドンイ
양동이

魚
ムルコギ　センソン
물고기／생선

바위
バウィ
바위

雲
クルム
구름

鳥
セ
새

太陽
ヘ　テヤン
해 / 태양

包丁
シクカル
식칼

まな板
トマ
도마

フライパン
プライペン
프라이팬

目玉焼き
ケランプライ
계란프라이

煙
ヨンギ
연기

タオル
スゴン　タオル
수건 / 타올

木
ナム
나무

017

軍手
モッチャンガプ
목장갑

バーベキュー
パビキュ
바비큐

網
マン
망

スピーカー
スピコ
스피커

火
プル
불

炭
スッ
숯

火ばさみ
スッ チッケ
숯 집게

川
カン
강

北の都をひとめぐり
북쪽의 도시를 일주하기

札幌 もいわ山ロープウェイ
모이와야마 로프웨이

札幌市南区にある標高531mの藻岩山は市内中心部からのアクセスもよく、たくさんの観光客が訪れる人気スポットです。ロープウェイとミニケーブルカーを乗り継いだ山頂には、宝石をちりばめたような札幌の美しい街並みが広がっています。山頂の展望台にある「幸せの鐘」を鳴らすと幸せになれるかも!?

삿포로시 미나미구에 있는 표고 오백삼십일 미터의 모이와야마는 시내 중심부에서의 교통도 좋고, 많은 관광객이 방문하는 인기 스팟이에요. 로프웨이와 미니 케이블카를 갈아타고 도착한 산 정상에는 보석을 뿌린 듯한 삿포로의 아름다운 거리가 펼쳐져 있어요. 산 정상의 전망대에 있는 '행복의 종'을 울리면 행복해질지도!?

360度の大パノラマ
삼백육십 도 파노라마

写真提供／札幌もいわ山ロープウェイ

愛の鍵
사랑의 자물쇠

「恋人の聖地」とされている藻岩山。鍵にメッセージを書いて、2人の愛を誓おう。

'연인의 성지'로 인정받은 모이와야마. 자물쇠에 메시지를 적고 두 사람의 사랑을 맹세합시다.

レストラン「THE JEWELS」
레스토랑 "THE JEWELS"

札幌一高い場所にあるレストランで、美しい景色を眺めながら本格フレンチを楽しんでみてはいかが?

삿포로에서 가장 높은 곳에 있는 레스토랑으로 아름다운 경치를 보면서 본격적인 프랑스 요리를 즐겨 보는 것은 어때요?

ワンポイント ❶방문하다 訪れる ❷～(으)ㄹ지도 ～するかも（不確実な推測）❸～(으)면서 ～ながら（二つの動作を同時に行う）

サッポロビール博物館
삿포로맥주 박물관

国内唯一のビール博物館。ガイド付きのプレミアムツアーに参加し、ビールの歴史を学んだ後は、ここでしか味わえない限定ビールの試飲を体験しよう！

일본에서 유일한 맥주 박물관. 가이드가 있는 프리미엄 투어에 참가해서 맥주의 역사를 배운 후에는 여기에서만 맛볼 수 있는 한정 맥주의 시음을 체험해 봅시다!

乾杯！
건배

ススキノ
스스키노

日本三大歓楽街のひとつ、ススキノのネオン街。食事や飲み会の後にパフェを食べる「シメパフェ」文化はここから広がっていきました。

일본 삼대 환락가 중 하나인 스스키노의 네온거리. 식사나 회식 후에 파르페를 먹는 '시메파페' 문화는 여기에서 퍼져 나갔어요.

白い恋人パーク
시로이코이비토 파크

札幌を代表する銘菓「白い恋人」の工場見学やお菓子作り体験が楽しめます。園内にはフォトスポットもいっぱい！

삿포로를 대표하는 명과 '시로이코이비토(하얀 연인)'의 공장 견학이나 과자 만들기 체험을 즐길 수 있어요. 파크 안에는 포토 스팟도 많이 있어요!

世界に一つだけ
세계에서 하나뿐

大倉山展望台
오쿠라야마 전망대

1972年の札幌オリンピックで使われた大倉山ジャンプ競技場の上にある展望台。リフトを使って上ります。ジャンプ台を一望できるおしゃれなレストランもおすすめ。

천구백칠십이 년 삿포로 올림픽에서 쓰인 오쿠라야마 점프경기장 위에 있는 전망대. 리프트를 타고 올라가요. 점프대를 한눈에 볼 수 있는 세련된 레스토랑도 추천해요.

ヌーベルブース大倉山
누베르프스 오쿠라야마

---

④참가하다 参加する　⑤회식 飲み会　⑥〜만들기 체험 〜作り体験　⑦쓰이다 使われる

定山渓
조잔케이

のんびり癒やしスポット
유유자적, 힐링 스팟

旅の疲れを癒やそう！
여행의 피로를 풉시다!

定山渓の秘湯
알 사람은 다 아는 조잔케이의 온천

写真提供／豊平峡温泉

豊平峡温泉　호헤이쿄 온천

源泉かけ流しの日帰り温泉。最大200人が入れる日本最大級の露天風呂は開放感たっぷり。都心近くで「非日常」を味わうことができます。館内のONSEN食堂で提供されている本格的なインドカレーが名物です。

원천 방류식 온천이고 당일치기 전용 시설이에요. 최대 이백 명이 들어가는 일본 최대 규모의 노천탕은 개방감이 넘쳐요. 도심 근교에서 '비일상'을 맛볼 수 있어요. 온천 시설 안의 ONSEN 식당에서 파는 본격적인 인도 카레가 명물이에요.

秋の定山渓　가을의 조잔케이

紅葉スポットとして有名な二見公園や豊平峡ダムはもちろん、カヌーやゴンドラからも美しい景色を楽しめます。温泉街を散策するだけでも十分に'秋'を感じられますよ。

단풍 명소로 유명한 후타미공원이나 호헤이쿄 댐은 물론이고 카누나 곤돌라에서도 아름다운 풍경을 즐길 수 있어요. 온천가를 산책하는 것만으로도 충분히 '가을'을 느낄 수 있어요.

ワンポイント　❶당일치기 日帰り　❷명물 名物　❸유명하다 有名だ　❹아름답다 美しい　❺산책하다 散策する

かっぱ家族の願かけ手湯
갓파 가족의 소원 빌기 수탕

かっぱ像の皿にお湯を注ぐと、かっぱの口からお湯が
流れ出る仕掛けの手湯。温泉街入口にあります。

갓파 동상의 머리에 온천물을 부으면 갓파 입에서
온천물이 나오는 장치가 있는 수탕. 온천가 입구에
있어요.

温泉卵を
作って
みよう！

徒歩1分の
「定山渓物産館」で
買えるよ！

① 卵を買う
　계란을 사요.
② 木の棒にネットをひっかける
　나무 봉에 그물을 걸어요.
③ 静かに湯の中に入れる
　조심히 온천물 안에 넣어요.
④ 15〜20分待つ
　십오 분에서 이십 분 기다려요.
⑤ 完成
　완성

定山源泉公園　조잔겐센공원

定山渓温泉の開祖、美泉定山（みいずみじょうざん）の生誕200年を記
念して造られた公園。園内には無料の足湯のほか、定山渓の高温の源泉
を利用して温泉卵を作る「おんたまの湯」もありますよ。

조잔케이 온천의 시조인 미이즈미 조잔의 탄생 이백 년을 기념해서
만든 공원. 공원 안에는 무료 족욕탕 외에 조잔케이의 고온 원천을
이용해서 온센타마고(온천 계란)를 만드는 '온타마의 유'도 있어요.

公園のすぐ目の前！
공원 바로 앞!

大黒屋商店
다이코쿠야 상점

1931年（昭和6年）創業の温泉まん
じゅうの老舗。添加物を一切使わ
ず、毎朝丁寧に手作りしています。
昔ながらの素朴な味わいが人気。

천구백삼십일 년에 창업한 온센
만주 노포. 첨가물을 일절 쓰지
않고 매일 아침 정성스레 만들어
요. 소박한 옛날 맛이 인기예요.

ホカホカ
따끈따끈

エクスクラメーションベーカリー
엑스클라메이션 베이커리

定山渓の原生林に囲まれたオシャレなベーカリー。パンやドリンクを片手に
足湯を楽しんではいかが？

조잔케이의 원시림에 둘러싸인 세련된 베이커리. 빵이나 음료를 한 손
에 들고 족욕을 즐기는 것은 어때요?

021

---

❻붓다 注ぐ　❼장치 仕掛け　❽기다리다 待つ　❾완성 完成　❿노포 老舗　⓫〜을/를 한 손에 들고 〜を片手に

北海道の観光地
小樽
・・・・・・・
오타루

小樽堺町通り商店街を歩こう
오타루 사카이마치도리
상점가를 걸어 봅시다

韓国で大ヒットした日本映画「Love Letter」のロケ地としても人気の「小樽」を紹介します。
한국에서 대히트한 일본 영화 '러브 레터'의 촬영지로도 인기 있는 '오타루'를 소개할게요.

線路で写真が撮れる
선로에서 사진을 찍을 수 있어요.

韓国語を話せる
スタッフもいます！
한국어를 할 수 있는
스태프도 있어요!

⑴ 旧国鉄手宮線　구 국철 데미야선

1880年に開通し、石炭などの輸送で日本の発展に貢献。廃線となった現在は、約1.6kmの散策路となっています。

천팔백팔십 년에 개통돼서 석탄 등의 수송으로 일본 발전에 공헌했어요. 폐선된 지금은 약 일 점 육 킬로미터의 산책로가 됐어요.

⑵ ステンドグラス美術館　스테인드글라스 미술관

歴史的建造物を使った美術館。実際にイギリスの教会で使われていた大きなステンドグラスが壁一面に並び、圧巻の美しさです。

역사적인 건축물을 사용한 미술관. 실제로 영국 교회에서 쓰인 큰 스테인드글라스가 벽에 장식돼서 압도적인 아름다움을 보여줘요.

⑶ 桂苑　게이엔

約70年前から小樽市民に愛されている「あんかけ焼きそば」！ 桂苑は地元民も足しげく通う人気店です。

약 칠십 년 전부터 오타루 시민에게 사랑받는 '앙카케 야키소바'! 게이엔은 지역 주민도 자주 찾는 인기 있는 가게예요.

アツアツ
뜨끈뜨끈

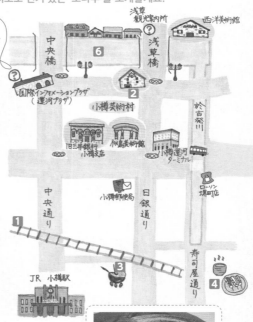

寿司屋通り　스시야도리

⑷ 小樽新倉屋　오타루 니쿠라야

1895年創業、小樽発祥の和菓子店。看板商品は「花園だんご」です。

천팔백구십오 년 창업한 오타루에서 탄생한 화과자점. 간판 상품은 '하나조노단고'예요.

ワンポイント　❶대히트 大ヒット　❷촬영지 ロケ地　❸~(으)ㄹ게요 ～します(意志)　❹건축물 建造物　❺창업 創業　❻간판 상품 看板商品

022

5 小樽オルゴール堂　오타루 오르골당

日本最大級のオルゴール専門店。店内は心地よいオルゴールの音色が響いています。

일본 최대 규모의 오르골 전문점. 가게 안은 마음 편안한 오르골 소리가 울리고 있어요.

6 小樽運河　오타루 운하

全長1140mの運河に沿って、レトロな石造倉庫や歴史的建造物が立ち並び、幻想的な風景が広がります。

총길이 천백사십 미터의 운하를 따라 복고풍의 석조 창고나 역사적인 건축물이 늘어서 있고 환상적인 풍경이 펼쳐져요.

> 好きな曲を選ぼう！
> 좋아하는 곡을 고릅시다!

> 運河クルーズも人気！
> 운하 크루즈도 인기!

> ここでしか食べられない！
> 여기에서만 먹을 수 있어요!

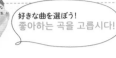

奇跡のロドけセット
（本店限定）

7 小樽洋菓子舗ルタオ本店　오타루 양과자점 르타오 본점

メルヘン交差点にあるルタオ本店。2階はカフェになっており、作りたての生ドゥーブルフロマージュがいただける本店限定のケーキセットが人気です。

메르헨 교차로에 있는 르타오 본점. 이 층은 카페로 돼 있고, 갓 만든 생 더블 프로마쥬를 먹을 수 있는 본점 한정 케이크 세트가 인기예요.

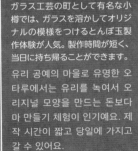

とんぼ玉作り体験　돈보다마 만들기 체험

ガラス工芸の町として有名な小樽では、ガラスを溶かしてオリジナルの模様をつけるとんぼ玉製作体験が人気。製作時間が短く、当日に持ち帰ることができます。

유리 공예의 마을로 유명한 오타루에서는 유리를 녹여서 오리지널 모양을 만드는 돈보다마 만들기 체험이 인기예요. 제작 시간이 짧고 당일에 가지고 갈 수 있어요.

8 ぽたぽたいちご　포타포타 이치고

いちご大福専門店。ショーケースにはいちごを使った鮮やかなスイーツが並びます。思わず写真を撮りたくなるような見た目はもちろん、味も抜群です。

딸기찹쌀떡 전문점. 진열장에는 딸기를 사용한 선명한 색의 디저트가 있어요. 무심코 사진이 찍고 싶어지는 겉모습은 물론이고 맛도 뛰어나요.

9 松露庵　쇼로안

ベビーカステラ専門店。食べやすいサイズで、冷めてもしっとり。クセになるおいしさです。

베이비 카스텔라 전문점. 먹기 좋은 사이즈로 식어도 촉촉해요. 중독성 있는 맛이에요.

02

---

⑦복고풍 レトロ　⑧갓〜 〜したて、たった今　⑨한정 限定　⑩가지고 가다 持ち帰る　⑪〜기 좋다/〜기 쉽다 〜しやすい

ホットスポットを旅する
핫스팟 여행

羊蹄山　요테이잔

富士山に似た美しい姿から「蝦夷富士」と呼ばれ、日本百名山にも選ばれている羊蹄山は標高1898mの成層火山です。4種類の登山コースがあり、夏には頂上付近で約80〜100種類の高山植物を見ることができます。

후지산과 닮은 아름다운 모습에서 '에조후지'라고 불리고 일본 백대 명산에도 꼽히는 요테이잔은 표고 천팔백구십팔 미터의 성층 화산이에요. 네 종류의 등산 코스가 있고 여름에는 산 정상 부근에서 약 팔십에서 백 종류의 고산 식물을 볼 수 있어요.

ニセコ髙橋牧場　니세코 다카하시 목장

美しい羊蹄山を眺めながら、北海道ならではの絶品スイーツや食事を楽しむことができる「ニセコ髙橋牧場」。広々とした農場で育つ牛たちから毎朝しぼる新鮮な牛乳で作るソフトクリームや濃厚な「のむヨーグルト」が大人気。ニセコ近郊で採れた新鮮な野菜や自家製チーズをふんだんに使ったピザが食べられるレストランもあります。

아름다운 요테이잔을 보면서 홋카이도다운 일품 디저트나 식사를 즐길 수 있는 '니세코 다카하시 목장'. 넓은 농장에서 키우는 소들에게서 매일 아침 짠 신선한 우유로 만든 소프트크림이나 진한 '마시는 요구르트'가 큰 인기예요. 니세코 근교에서 수확한 신선한 채소나 수제 치즈를 듬뿍 사용한 피자를 먹을 수 있는 레스토랑도 있어요.

パウダースノーでSKI　파우더 스노우로 스키

真っ白に輝くパウダースノーと澄んだ青空とのコントラストの中で滑る爽快感を求めて、世界中からスキーヤーが集まります。

새하얗게 빛나는 파우더 스노우와 투명한 파란 하늘과의 대비 속에서 스키를 타는 상쾌함을 느끼기 위해 전 세계에서 스키어들이 모여들어요.

アイス・ソフトクリーム
ロール・シュークリーム
のむヨーグルト
チーズケーキ

「ミルク工房」のスイーツ

ワンポイント　❶닮다 似る　❷〜(이)라고 불리다 〜と呼ばれる　❸표고 標高　❹정상 頂上　❺신선하다 新鮮だ

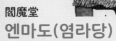

登別
노보리베쓰

登別地獄谷
노보리베쓰 지옥계곡

世界的にも珍しい9種類もの豊かな泉質の温泉が楽しめることから「温泉のデパート」とも言われる登別温泉。その最大の源泉が「登別地獄谷」です。直径450m、面積約11haの爆裂火口の跡でグツグツ煮えたぎる様子が「鬼のすむ地獄」のように見えたことからその名が付きました。

세계적으로도 보기 드문 아홉 종류의 풍부한 천질(온천수의 과학적 성질)의 온천을 즐길 수 있어서 '온천의 백화점'이라고도 불리는 노보리베쓰 온천. 이 온천의 최대 원천이 '노보리베쓰 지옥계곡'이에요. 직경 사백오십 미터, 면적 약 십일 헥타르의 폭열 화구터에서 부글부글 끓는 모습이 '도깨비가 사는 지옥' 같이 보여서 그런 이름이 붙었어요.

閻魔堂
엔마도(염라당)

登別温泉街のメインストリートを歩くと巨大な閻魔大王の像が現れます。普段は優しい表情をしていますが、「地獄の審判」の時間になると怒った表情に変わり、人間の悪事に裁きを下すというユニークなカラクリが人気です。

노보리베쓰 온천가의 메인 스트리트를 걸으면 거대한 염라대왕상이 나타나요. 보통은 다정한 표정을 짓고 있지만, '지옥의 심판'의 시간이 되면 화내는 표정으로 변해서 인간의 악행에 심판을 내리는 독특한 연출이 인기예요.

025

白老
시라오이

ウポポイ（民族共生象徴空間）
우포포이

アイヌ文化の復興と発展を願って白老町に造られたウポポイは、先住民族アイヌをテーマとした日本初の国立アイヌ民族博物館のほか、国立民族共生公園、慰霊施設などで構成されています。公園ではアイヌ古式舞踊の公演や伝統楽器の演奏などさまざまなプログラムが用意されています。アイヌの食文化を感じられるレストランやカフェも。

아이누 문화의 부흥과 발전을 기원하며 시라오이초에 만들어진 우포포이는 선주민족인 아이누를 테마로 한 일본 최초의 국립 아이누 민족 박물관 외에 국립 민족 공생 공원, 위령 시설 등으로 구성돼 있어요. 공원에서는 아이누 옛 무용의 공연이나 전통 악기의 연주 등 다양한 프로그램이 준비돼 있어요. 아이누의 식문화를 느낄 수 있는 레스토랑이나 카페도 있어요.

ウポポイとは、アイヌ語で「（おおぜいで）歌うこと」を意味します。

우포포이란 아이누어로 '(여럿이) 노래하는 것'을 의미해요.

❻보기 드물다 珍しい ❼나타나다 現れる ❽다정하다 優しい ❾화내다 怒る ❿준비되다 用意される ⓫느끼다 感じる

洞爺湖
도야코

絶景を楽しむ
절경을 즐겨요

イルミネーショントンネル
일루미네이션 터널

サイロ展望台
사이로 전망대

春から秋にかけて毎日開催される「洞爺湖ロングラン花火大会」。湖を移動しながら打ち上げるため、ホテルの露天風呂や客室など、洞爺湖温泉街一帯から楽しむことができます。目の前で打ち上がる花火は大迫力です。

봄부터 가을에 걸쳐서 매일 개최되는 '도야코 롱런 불꽃 축제'. 호수를 이동하면서 쏘아 올리기 때문에 호텔의 노천탕이나 객실 등 도야코 온천가 일대에서 즐길 수 있어요. 눈앞에서 쏘아 올리는 불꽃은 박진감이 넘쳐요.

Mt.USUテラス **Mt.USU 테라스**

有珠山ロープウェイに乗り洞爺湖展望台に着くと、絶景のテラスがあります。併設されたカフェでは地元の食材を利用したスムージーやホットサンドが味わえます。

우스잔 로프웨이를 타고 도야코 전망대에 도착하면 절경의 테라스가 있어요. 테라스에 있는 카페에서는 지역 식재료를 이용한 스무디나 핫샌드를 맛볼 수 있어요.

支笏湖
시코쓰코

国内屈指の透明度
일본 굴지의 투명도

千歳・支笏湖 氷濤まつり
지토세・시코쓰코 효토 축제

支笏湖は日本で2番目に深いカルデラ湖。周囲約40km、最大水深は360mもあります。日本トップクラスの透明度を誇る湖水を吹き付けて造る氷のオブジェが並ぶ氷濤まつりは冬の一大イベント。夜になると七色にライトアップされ、より幻想的な世界が広がります。

시코쓰코는 일본에서 두 번째로 깊은 칼데라호예요. 둘레 약 사십 킬로미터, 최대 수심은 삼백육십 미터나 돼요. 일본 최고 수준의 투명도를 자랑하는 호숫물을 분사해서 만든 얼음 오브제가 늘어서 있는 효토 축제는 겨울 최대 이벤트예요. 밤이 되면 일곱 가지 색으로 라이트 업돼서 더 환상적인 세계가 펼쳐져요.

丸駒温泉旅館 **마루코마 온천 료칸**

1915年（大正4年）創業の湖畔の一軒宿。支笏湖とつながる天然露天風呂は湖の水位とともに深さが変わり、大自然と一体となったような感覚が味わえます。宿の食事では支笏湖名物ヒメマスも。

천구백십오 년에 창업한 호숫가에 위치한 료칸. 시코쓰코와 이어지는 천연 노천탕은 호수의 수위와 함께 깊이가 바뀌어서 대자연과 일체가 된 듯한 감각을 맛볼 수 있어요. 료칸의 식사로는 시코쓰코의 명물 홍연어도 있어요.

ワンポイント ❶도착하다 着く ❷절경 絶景 ❸이동하다 移動する ❹수위 水位 ❺깊다 深い (⇔ 얕다 浅い) ❻환상적 幻想的

帯広

オビヒロ

世界でここだけ！
세계에서 여기뿐!

ばんえい十勝 　반에이 도카치

ばんえい競馬は、最大1トンもの重い鉄ソリを体重1トン前後のばん馬に引かせ、2カ所の坂を含めた直線200mのコースで力とスピードを競う世界で唯一のレースです。北海道遺産にも選定されています。

반에이 경마는 최대 일 톤이나 되는 무거운 철제 썰매를 체중 일 톤 전후의 경주마가 끌고 두 곳의 언덕을 포함한 직선 이백 미터의 코스에서 힘과 스피드를 겨루는 세계 유일의 레이스예요. 홋카이도 유산에도 선정돼 있어요.

ばんえい競馬で活躍したムサシコマが引く「馬車BAR」。ビールやおつまみをお供に、夜の帯広中心街を50分ほどで巡ります。

반에이 경마에서 활약한 무사시코마가 끄는 '마차 BAR(바)'. 맥주나 안주와 함께 밤의 오비히로 중심가를 오십 분 정도 돌아요.

帯広は豚丼の激戦区！
食べ比べて好きな店を見つけよう！
오비히로는 부타동의 격전지！
비교해서 먹어 보고 좋아하는
가게를 찾아봅시다！

日付が入った切符が買える！
날짜가 들어간 표를 살 수 있어요！

インスタ映えスポットがたくさん！
인생샷 스팟이 많아요！

帯広市 幸福 Kofuku OBIHIRO 　幸福駅 고후쿠역

1956年に開設し、87年の国鉄広尾線廃線とともに廃駅となった幸福駅は現在、駅舎、プラットホーム、ディーゼル車2両などが展示されています。駅舎の中は、願い事が書かれた切符がぎっしり貼られ、ピンク色の世界が広がっています。

천구백오십육 년에 개설돼서 팔십칠 년에 국철 히로오선 폐선과 함께 폐역이 된 고후쿠(행복)역에는 현재 역사, 플랫폼, 디젤차 두 량 등이 전시돼 있어요. 역사 안은 소원이 적힌 표가 빼곡히 붙어 있어서 분홍빛 세계가 펼쳐져 있어요.

こうふく 幸福 KŌFUKU
たいしょう TAISHŌ　なかさつない NAKASATSUNAI

縁起がいいね！
복이 있네요！

❼썰매 ソリ　❽유일 唯一　❾유산 遺産　❿비교해서 먹다 食べ比べる　⓫안주 おつまみ　⓬날짜 日付　⓭표 切符

スイーツ王国♡帯広
디저트 왕국♡오비히로

十勝・帯広といえば、スイーツの激戦区エリアとしても有名です。小麦や乳製品、小豆など、広大な大地の恵みから、たくさんのスイーツが生まれています。きっとあなたのお気に入りも見つかるはず♡

도카치・오비히로라고 하면 디저트의 격전지로도 유명해요. 밀이나 유제품, 팥 등 광대한 대지의 은혜로부터 많은 디저트가 태어나고 있어요. 분명 당신이 좋아하는 디저트도 찾을 수 있을 거예요♡

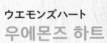

十勝トテッポ工房
도카치 도텟포 공방

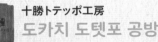

帯広駅から徒歩約10分の「とてっぽ通り」沿いにあるカフェ。店名のトテッポは、かつて砂糖の原料である甜菜を運搬した十勝鉄道の愛称。北海道産のナチュラルチーズを使った一口サイズのチーズケーキが名物です。濃厚かつクリーミーな味わい。

오비히로역에서 걸어서 약 십 분 거리의 '도텟포도리'에 있는 카페. 가게 이름인 '도텟포'는 과거 사탕의 원료인 사탕무를 운반한 도카치 철도의 애칭이에요. 홋카이도산의 자연 치즈를 사용한 한 입 크기의 치즈 케이크가 명물이에요. 진하고 크리미한 맛이에요.

ウエモンズハート
우에몬즈 하트

牧場直営のジェラート店。130種類ものレシピの中から毎朝14種類のジェラートが店頭に並びます。搾りたての新鮮な牧場牛乳を使ったジェラートを求めて多くの人でにぎわいます。

목장 직영의 젤라또 가게. 백삼십 종류의 레시피 중에서 매일 아침 열네 종류의 젤라또가 매장에 진열돼요. 갓 짠 신선한 목장 우유를 사용한 젤라또를 찾아서 많은 사람들로 붐벼요.

六花亭 帯広本店
롯카테 오비히로 본점

北海道の代表銘菓「マルセイバターサンド」など、数々のヒット商品を生み出している六花亭。帯広に本社を構えています。帯広本店の限定メニューは、ふわふわの「リコッタパンケーキ」です。

홋카이도의 대표 명과 '마르세이 버터 샌드' 등 수많은 히트 상품을 만들어 낸 롯카테. 오비히로에 본사를 두고 있어요. 오비히로 본점의 한정 메뉴는 폭신폭신한 '리코타 팬케이크'에요.

ワンポイント | ①태어나다 生まれる ②한입 一口 ③짜다 搾る ④수많은 数々の ⑤폭신폭신 ふわふわ

クランベリー　그란베리

1972年創業の洋菓子店。看板商品はジャンボサイズのスイートポテトです。1本単位の量り売りで売られているのが特徴。サツマイモの皮を容器として使っており、見た目もインパクト抜群です。

천구백칠십이 년에 창업한 양과자점. 간판 상품은 점보 사이즈의 스위트포테이토예요. 한 개 단위로 달아서 파는 것이 특징. 고구마 껍질을 용기로 사용해서 보기에도 임팩트가 있어요.

麦音　무기오토

日本一の敷地面積を誇るベーカリー。十勝産小麦を100%使ったパンは種類も豊富で目移りしてしまいます。カフェスペースやテラスもあり、小麦畑を見ながらゆったりいただけます。

일본 제일의 부지 면적을 자랑하는 베이커리. 도카치산 밀을 백 퍼센트 사용한 빵은 종류도 풍부해서 눈길이 가요. 카페 공간이나 테라스도 있어서 밀밭을 보면서 느긋하게 먹을 수 있어요.

おかしの館のあくつ　오카시노야카타노아쿠츠

帯広空港から車で10分ほどのところにある老舗洋菓子店。ケーキや焼き菓子など、こだわりの洋菓子がお手頃な価格でいただけます。カラフルなマカロンは、手土産にもぴったりです。

오비히로공항에서 차로 십 분 거리에 있는 노포 양과자점. 케이크나 구운 과자 등 고집 있는 양과자를 저렴한 가격으로 먹을 수 있어요. 컬러풀한 마카롱은 간단한 선물로도 딱이에요.

柳月　류게츠

白樺模様のバウムクーヘン「三方六」でおなじみの柳月もここ帯広で生まれました。隣町の音更町にある工場では、三方六の製造工程を見学することができます。数量限定販売の「三方六の切れ端」は並んででも手に入れたいお得商品です。

자작나무 모양의 바움쿠헨인 '산포로쿠'로 친숙한 류게츠도 여기 오비히로에서 태어났어요. 이웃 마을인 오토후케초에 있는 공장에서는 산포로쿠의 제조 공정을 견학할 수 있어요. 수량 한정 판매의 '산포로쿠의 자투리'는 줄을 서서라도 손에 넣고 싶은 특가 상품이에요.

---

❻느긋하게 ゆったり　❼저렴하다(≒싸다) 手頃だ、安い(⇔ 비싸다 高い)　❽친숙하다 なじみ深い　❾견학하다 見学する

富良野
後良野
후라노

ラベンダーの聖地
라벤더의 성지

ベアーポプリホルダー
베어 포푸리 홀더

ハンドクリーム
핸드크림

FARM TOMITA

ラベンダーオイル
라벤더 오일

ラベンダーソフトクリーム
라벤더 소프트크림

ファーム富田
팜 도미타

一面に広がる美しいラベンダー畑が有名な「ファーム富田」。富良野に来たら、ここは外せません。見ごろを迎える7月中〜下旬には、思わず深呼吸したくなるほどのラベンダーのいい香りが漂います。ポプリやハンドクリームなど、ラベンダーを使ったグッズやラベンダーソフトも人気。ラベンダー以外にもたくさんの花が敷きつめられています。

일대에 펼쳐진 아름다운 라벤더 밭이 유명한 '팜 도미타'. 후라노에 오면 이곳은 빼놓을 수 없어요. 절정을 맞이하는 칠월 중순부터 하순에는 무심코 심호흡을 하고 싶어질 정도의 라벤더의 좋은 향이 감돌아요. 포푸리나 핸드크림 등 라벤더를 사용한 굿즈나 라벤더 소프트도 인기예요. 라벤더 이외에도 많은 꽃들이 피어 있어요.

とみたメロンハウス
도미타 멜론하우스

富良野の特産品といえばやっぱりメロン！ とみたメロンハウスでは、旬の野菜が並ぶ直売所や、自慢のメロンをたっぷり使ったスイーツが人気です。赤肉と青肉を選べるメロンパンなど、どれもメロン専門店ならではのこだわりです。

후라노의 특산품이라고 하면 역시 멜론! 도미타 멜론하우스에서는 제철 채소가 즐비한 직판장이나 자랑스러운 멜론을 듬뿍 사용한 디저트가 인기예요. 주황색 과육과 초록색 과육을 고를 수 있는 멜론빵 등 전부 멜론 전문점다운 고집이에요.

カットメロン
컷 멜론

ラベンダー色のポストも！

メロンパン（赤肉＆青肉クリーム）
멜론빵

スムージースペシャル
스무디 스페셜

ワンポイント　❶중순 中旬　❷하순 下旬(⇔ 상순 上旬)　❸심호흡 深呼吸　❹자랑스럽다 自慢だ　❺고르다 選ぶ　❻전문점 専門店

ニングルはアイヌ語で
「小人(こびと)」を意味します。
닝글은 아이누어로
'난쟁이'를 의미해요.

ニングルテラス　**닝글테라스** ✳

新富良野プリンスホテルに隣接する「ニングルテラス」は、人気ドラマ「北の国から」の脚本家、倉本聰氏がプロデュースした小さなログハウスが立ち並ぶショッピングエリアです。自然をテーマにしたクラフトショップが15棟ほどあり、個性的な手作り作品を販売しています。

신후라노 프린스 호텔 옆에 있는 '닝글테라스'는 인기 드라마 '북쪽 나라에서'의 각본가인 구라모토 소우 씨가 프로듀싱한 작은 로그하우스가 늘어서 있는 쇼핑존이에요. 자연을 테마로 한 수공예품 가게가 열다섯 동 정도 있고 개성적인 핸드메이드 작품을 판매하고 있어요.

富良野オムカレー
후라노 오므카레

＼人気店「まさ屋」のオムカレー／
인기 맛집 '마사야'의 오므카레

2006年に町おこしの一環として誕生し、今や富良野の定番グルメとなったオムカレー。「富良野産の食材にこだわった一品メニューとふらの牛乳をつける」など六つのルールがあります。

이천육 년에 지역 활성화의 일환으로 탄생해서 지금 후라노의 스테디셀러가 된 오므카레. '후라노산의 식재료를 고집한 일품 메뉴와 후라노 우유를 세트로 한다' 등 여섯 가지의 룰이 있어요.

031

美瑛
〰〰〰〰
비에이

神秘的なブルー
신비한 블루

＼青いシリーズがたくさん／
아오이(푸른) 시리즈가 많이 있어요.

青い池プリン(左)
아오이이케 푸딩
青い池ソーダ(右)
아오이이케 소다

青い池ソフト
아오이이케
소프트

青い池茶
아오이이케 차

白金青い池　**시로가네 아오이이케**

美瑛町の白金温泉近くにある「白金青い池」。その名の通り水面が青く見える神秘的な池で、立ち枯れた木々とあいまって幻想的な風景が広がります。季節や天気、時間によって、コバルトブルー、エメラルドグリーンなどの「青」が楽しめます。

비에이초의 시로가네 온천 근처에 있는 '시로가네 아오이이케(청의 연못)'. 그 이름대로 수면이 푸르게 보이는 신비한 연못으로 메마른 나무들과 어우러져 환상적인 풍경이 펼쳐져요. 계절이나 날씨, 시간에 따라 코발트블루, 에메랄드그린 등의 '푸른색'을 즐길 수 있어요.

---

❼작다 小さい(⇔크다 大きい)　❽판매하다 販売する　❾〜산 〜産　❿룰 ルール　⓫신비하다 神秘的だ

歴史と文化を楽しむまったりデートプラン
역사와 문화를 즐기는 유유자적 데이트 플랜

湯の川温泉満喫コース
유노카와 온천 만끽 코스

ぽかぽか
따끈따끈

気持ちいい！
기분 좋다！

1 函館市熱帯植物園
하코다테시 열대 식물원

南国の珍しい木や花が約300種3000本！ 冬季間は温泉に入っているサルが見られます。エサ（100円）を買って、あげてみよう！

남국의 보기 드문 나무나 꽃이 약 삼백 종, 삼천 그루! 동절기는 온천에 몸을 담그고 있는 원숭이를 볼 수 있어요. 먹이(백 엔)를 사서 줘 봅시다!

釣り竿で釣り上げよう
낚싯대로 낚아 봅시다.

2 湯倉神社
유쿠라 신사

イカす
おみくじ

湯の川温泉街から徒歩10分ほどにある360年の歴史を持つ神社。北海道弁で書かれたユニークなおみくじで運試ししませんか？

유노카와 온천가에서 걸어서 십 분 정도 거리에 있는 삼백육십 년의 역사를 가진 신사. 홋카이도 사투리로 쓰여 있는 독특한 오미쿠지로 운을 점쳐 볼래요？

3 やきだんご 銀月
야키단고 긴게츠

1966年創業の老舗和菓子店。人気の串団子は、ごま、しょうゆ、あんの定番3種のほか、季節限定できなこも。

천구백육십육 년에 창업한 노포 화과자점. 인기 있는 쿠시단고는 참깨, 간장, 앙금의 스테디셀러 삼 종 이외에 계절 한정으로 콩고물도 있어요.

電車通り沿いにあるよ！
전찻길 옆에 있어요！

4 湯の川温泉
유노카와 온천

やっぱり海鮮だよね！
역시 해산물이죠！

日本一空港に近い温泉街としても知られる人気の温泉地。良質な温泉で癒やされた後は港町ならではの海の幸を堪能しましょう！

일본에서 가장 공항에 가까운 온천가로도 알려져 있는 인기 온천지. 양질의 온천에서 힐링한 후 항구 도시다운 해산물을 만끽합시다！

ワンポイント　❶유유자적 まったり　❷독특하다 ユニークだ　❸~(이)죠 ~でしょう、ですよね　❹~에서 힐링하다 ~で癒やされる

ロマンチック夜景満喫コース
로맨틱 야경 만끽 코스

1 五稜郭
고료카쿠

星形が特徴の五稜郭。冬に開催されるイベント期間中は堀を2000個の電球で飾り、雪景色の中に美しい星形が浮かび上がります。

별모양이 특징인 고료카쿠. 겨울에 개최되는 이벤트 기간 동안은 담장을 이천 개의 전구로 장식해서 설경 속에 아름다운 별모양이 떠올라요.

2人だけの特別な思い出
두 사람만의 특별한 추억

2 金森赤レンガ倉庫
가네모리 아카렌가 창고

レトロな倉庫群がオレンジ色にライトアップされた姿は幻想的。12月になると倉庫群前の海上に巨大なクリスマスツリーが現れます。

복고풍의 창고들이 오렌지색으로 라이트 업된 모습은 환상적이에요. 십이월이 되면 창고들 앞의 바다 위에 거대한 크리스마스트리가 나타나요.

明治時代にタイムスリップ!
메이지 시대로
타임슬립!

3 旧函館区公会堂
구 하코다테구 공회당

1910年 (明治43年) に建てられた函館を代表する歴史的建造物。ドレスやタキシードを着て館内での撮影ができる衣裳館も人気。

천구백십 년에 지어진 하코다테를 대표하는 역사적인 건축물. 드레스나 턱시도를 입고 관내에서의 촬영을 할 수 있는 의상관도 인기예요.

4 函館山
하코다테야마

言わずと知れた夜景の名所。「100万ドルの夜景」とも言われています。隠された「ハート」の文字をみつけたカップルは幸せになれるそう!

말하지 않아도 다 아는 야경 명소. '백만 달러의 야경'이라고도 불려요. 숨겨진 '하트' 글자를 발견한 커플은 행복해진다고 해요!

絶景を目に焼き付けよう
절경을 눈에 새겨 봅시다.

⑤거대하다 巨大だ　⑥촬영 撮影　⑦말하지 않아도 다 아는 言わずと知れた　⑧발견하다 みつける

033

函館2大最強チェーン店
하코다테 이대 최강 체인점

ラッキーピエロ
럭키피에로

チャイニーズチキンバーガー
차이니즈 치킨버거

本物
ウーロン茶
혼모노
우롱차

ラキポテ
라키포테
(감자튀김)

ミートソースが
かかってる！
미트소스가
뿌려져 있어요!

函館を代表する人気ハンバーガーチェーン店。遊び心たっぷりのインパクトのある外観が人々の視線を引き付けます。店内はまるで遊園地。「ラッピ」の愛称で親しまれ、全国ご当地バーガー1位に輝いたこともある名店です。

하코다테를 대표하는 인기 햄버거 체인점. 장난기 가득하고 임팩트 있는 외관이 사람들의 시선을 사로잡아요. 가게 안은 마치 놀이공원 같아요. '랏피'라는 애칭으로 사랑받고 전국의 지역 버거 일 위에 빛난 적도 있는 유명한 가게예요.

ダントツ
人気ナンバー1セット
단토츠
인기 넘버원 세트

グッズ 굿즈

ガラナ
가라나

マグネット
마그넷

コーヒー
커피

ミートソース
미트소스

034

ちょっと足を延ばして… 조금 더 가면

鹿部
시카베

しかべ間歇泉公園
시카베 간헐천공원

JR 函館駅から
車で約60分
제이알 하코다테역
에서 차로 약 육십 분

約100年もの間絶えることなく噴き上げ続けている間歇泉を、足湯につかりながら見られる道の駅。その珍しさから多くの観光客が訪れます。高さ15mを越える100度の温泉が噴き上がる様子は迫力満点！

약 백 년 동안 끊임없이 뿜어져 나오는 간헐천을 족욕하면서 볼 수 있는 미치노에키(길의 역). 그런 광경은 보기 드물어서 많은 관광객이 방문해요. 높이 십오 미터를 넘는 백 도의 온천이 뿜어져 나오는 모습은 박진감 만점!

ワンポイント　❶대표 代表　❷외관 外観　❸마치 まるで　❹사랑받다 親しまれる、愛される　❺빛나다 輝く

やきとり弁当
야키토리 도시락

道南地方を中心にチェーン展開するコンビニ。看板商品は
「やきとり弁当」です。海苔を敷いたご飯の上に、「鶏」で
はなく、「豚バラ串」をのせています。注文を受けてから
店内で焼いているため、店内には常に香ばしい香りが漂っ
ています。

홋카이도 남부 지방을 중심으로 체인점을 늘려가는 편
의점. 간판 상품은 '야키토리 도시락'이에요. 김을 깐 밥
위에 '닭'이 아니라 '삼겹
살 꼬치'를 얹어요. 주문
을 받은 후 매장에서 굽기
때문에 매장 안에는 항상
구수한 향이 감돌아요.

グッズ 굿즈

弁当箱
도시락통

キーホルダー
키홀더

箸箱
젓가락통

アンジェリック ヴォヤージュ
안젤리크 보야지

函館の港と夜景が見える洋菓
子店。遠くから訪れる人も多
い注目店です。一番人気は、北
海道産の生クリームを上質な
ガナッシュで包んだ「ショコラ
ヴォヤージュ」。とろける食感
がやみつきになります。絶品ク
レープは賞味期限30分！　並
んででも食べたい一品です。

通販でも購入可能！
온라인 쇼핑으로도
구입 가능！
ショコラヴォヤージュ
쇼콜라보야지

하코다테의 항구와 야경이 보이는 양과자점.
멀리서 방문하는 사람도 많은 주목할 만한 가
게예요. 인기 상품은 홋카이도산 생크림을 고
품질의 가나슈로 감싼 「쇼콜라보야지」. 녹는
식감에 중독돼요. 일품 크레페는 유통기한 삼
십 분！ 줄을 서서라도 먹고 싶은 디저트예요.

035

大沼だんご(沼の家)
오누마단고(누마노야)

JR 函館駅から
車で約40分
제이알 하코다테역에서
차로 약 사십 분

1905年（明治38年）の創業以来、今も変わらぬ製法
で伝統の味を守っている「沼の家」の大沼だんご。楊
枝で刺して食べるスタイルで、やわらかい舌触りが
たまらない逸品です。ファンが多いのも納得の味！

천구백오 년 창업 이래 지금도 변함없는 제조법
으로 전통의 맛을 지키고 있는 '누마노야'의 오누
마단고. 이쑤시개로 찔러 먹는 스타일로 혀에 닿
는 부드러운 맛이 참을 수 없는 일품이에요. 팬이
많은 것도 납득 가능한 맛！

❻온라인 쇼핑 通販　❼줄을 서다 並ぶ　❽전통 伝統　❾많다 多い (⇔ 적다 少ない)　❿납득 納得

人気ナンバー1動物園
인기 넘버원 동물원

空飛ぶように泳ぐペンギンが
見られる水中トンネル
하늘을 나는 것 같이 헤엄치는
펭귄을 볼 수 있는 수중 터널

運動不足解消?
散歩するペンギンたち
운동 부족 해소?
산책하는 펭귄들

036

旭山動物園
아사히야마 동물원

旭川市にある日本最北端の動物
園。動物の生態が観察しやすいよ
う工夫された展示方法で、年間来
場者数は全国でもトップクラス。
季節を問わず、子供から大人まで
楽しめる人気の動物園です。

아사히카와시에 있는 일본 최북
단의 동물원. 동물의 생태를 관
찰하기 좋게 고안된 전시 방법
으로 연간 관람객 수는 전국에
서도 최고 수준이에요. 계절을
불문하고 어린이부터 어른까지
즐길 수 있는 인기 동물원이에
요.

愛嬌たっぷりのレッサーパンダ
애교 많은 레서판다

シロフクロウが座る姿は
まるで"雪だるま"
흰올빼미가 앉아 있는
모습은 마치 "눈사람"

大きな筒の中を上下にスイスイ泳ぐアザラシ
큰 통 속을 위아래로 거침없이
헤엄치는 바다표범

豪快にプールに飛び込むホッキョクグマ
호쾌하게 풀장에 뛰어드는
북극곰

運気が上がる!?　パワースポット
운수가 좋아진다!? 파워 스팟

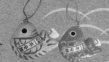

増毛厳島神社
마시케 이쓰쿠시마 신사

創建260余年を誇る増毛郡総鎮守「増毛厳島神社」。別名「彫刻神社」とも呼ばれており、本殿は総ケヤキ造りで華麗な彫刻が施されています。世界遺産である宮島の厳島神社と同じご利益があり、増毛を代表するパワースポットです。

창건 이백육십여 년을 자랑하는 마시케군의 수호신을 모신 '마시케 이쓰쿠시마 신사'. 별명으로 '조각 신사'라고도 불리고 본전은 느티나무로 만들어졌으며 화려한 조각이 새겨져 있어요. 세계유산인 미야지마의 이쓰쿠시마 신사와 같은 효험이 있어서 마시케를 대표하는 파워 스팟이에요.

キラキラ輝く海
반짝반짝 빛나는 바다

美しいオレンジ色
아름다운 주황색

黄金岬　오곤미사키

留萌は江戸時代からニシン漁で栄えた街です。かつてニシンの見張り台だった岬は、ニシンの群れが夕日を浴びてキラキラと黄金色に輝いていたことから、「黄金岬」と呼ばれるようになりました。水平線に沈む夕日は言葉を失うほどの絶景です。

루모이는 에도 시대부터 청어잡이로 번성한 마을이에요. 과거 청어의 망루대였던 곳은 청어 떼가 석양을 받아 반짝반짝 황금빛으로 빛났다고 해서 '오곤미사키(황금곶)'이라고 불리게 됐어요. 수평선 너머로 지는 석양은 말을 잃을 정도의 절경이에요.

カズチープレッツェル
가즈치 프레첼

カズチー
가즈치

こだわりの「かずのこ屋さん」

留萌が生んだ大ヒット商品「カズチー」。燻製した数の子とチーズが合わさった新感覚のおつまみです。プチプチとした食感が特徴。カズチーが練りこまれたプレッツェルも人気商品です。

루모이가 낳은 대히트 상품 '가즈치'. 훈제한 청어알과 치즈가 합쳐진 신개념 안주예요. 톡톡 터지는 식감이 특징. 가즈치가 들어간 프레첼도 인기 상품이에요.

ニシンの卵である「数の子」は韓国ではあまり食べられていません!

夏にはカニ釣りスポットとしても人気です。エサである「イカゲソ（イカの足）」は海の家で買えます。釣ったカニはやさしく海に返しましょう。近くではキャンプや海水浴も楽しめます。

여름에는 게잡이 스팟으로도 인기가 있어요. 미끼인 '오징어 다리'는 바다의 집에서 살 수 있어요. 잡은 게는 친절하게 바다로 돌려보냅시다. 근처에서는 캠프나 해수욕도 즐길 수 있어요.

---

⑧별명 別名　⑨화려하다 華麗だ　⑩떼 群れ　⑪반짝반짝 キラキラ　⑫훈제 燻製　⑬식감 食感　⑭미끼/먹이 エサ

釧路 / 구시로

釧路市丹頂鶴自然公園
구시로시 두루미자연공원

絶滅の危機にあったタンチョウの保護繁殖を目的に開園し、1970年に世界で初めてタンチョウの人工ふ化に成功した公園です。自然に近い環境で飼育されているタンチョウを間近で見ることができます。

멸종 위기인 두루미의 보호 번식을 목적으로 개원해서 천구백칠십 년에 세계에서 최초로 두루미의 인공 부화에 성공한 공원이에요. 자연에 가까운 환경에서 사육되고 있는 두루미를 가까이서 볼 수 있어요.

網走 / 아바시리

網走流氷観光砕氷船おーろら
아바시리 유빙 관광 쇄빙선 오로라

冬になると、網走港沖には真っ白な流氷がやってきます。オホーツク海を埋め尽くす流氷を船上から楽しめるのが観光砕氷船「おーろら」です。氷を砕いて進む音は迫力満点！ 運が良ければクリオネやアザラシを見ることもできます。

겨울이 되면 아바시리 항구 앞바다에는 새하얀 유빙이 찾아와요. 오호쓰크해를 가득 메우는 유빙을 선상에서 즐길 수 있는 것이 관광 쇄빙선 '오로라'예요. 얼음을 부수고 나아가는 소리는 박진감 만점! 운이 좋으면 클리오네나 바다표범을 볼 수도 있어요.

博物館 網走監獄　박물관 아바시리 감옥

明治時代から網走刑務所で使用されてきた建物を保存公開している国内唯一の監獄博物館。囚人が暮らした部屋は5本の廊下で放射状に建てられており、中央見張所からはすべての廊下が見渡せます。

메이지 시대부터 아바시리 교도소에서 사용돼 온 건물을 보존 공개하고 있는 일본 유일의 감옥 박물관. 죄수가 산 방은 다섯 개의 복도로 방사형으로 지어졌고 중앙 감시소에서는 모든 복도를 바라볼 수 있어요.

知床 / 시레토코

世界遺産を満喫
세계유산을 만끽

2005年に日本で3例目となる世界自然遺産に登録された「知床」。手付かずの自然に抱かれ、シマフクロウやシレトコスミレなど、他では見られない希少な動物や植物が生息しています。

이천오 년에 일본에서 세 번째로 세계자연유산에 등재된 '시레토코'. 손대지 않은 자연에 안겨서 섬올빼미나 시레토코 제비꽃 등 다른 곳에서는 볼 수 없는 희귀한 동물이나 식물들이 서식하고 있어요.

ワンポイント　❶멸종 絶滅　❷성공하다 成功する　❸새하얗다 真っ白だ　❹보존 保存　❺희귀하다 希少だ

稚内
••••••••••
왓카나이

果てしなく続く、真っ白な道
끝없이 이어지는 새하얀 길

白い道　시로이미치

宗谷丘陵の中に、約3km続く「白い道」があります。稚内の名産であるホタテの貝殻を砕いて敷き詰めたもので、緑の草むらの中、青い海と空に向かって真っすぐに伸びる白い1本道の美しさから人気の観光スポットになりました。

소야 구릉 안에 약 삼 킬로미터로 이어지는 '시로이미치(하얀 길)'가 있어요. 왓카나이의 명물인 가리비 껍데기를 부숴서 깔아 놓은 것으로 초록 풀숲 속 푸른 바다와 하늘을 향해 똑바로 뻗어 나가는 하얀 외길의 아름다움으로 인기 있는 관광지가 됐어요.

日本最北端の地の碑　일본 최북단의 땅의 비

北緯45度31分22秒。宗谷岬の先端に、日本最北端を象徴するモニュメントがあります。北国のシンボルである北極星の一角をモチーフに建てられました。

북위 사십오 도 삼십일 분 이십이 초. 소야미사키 맨 끝에 일본 최북단을 상징하는 기념비가 있어요. 북쪽 나라의 상징인 북극성의 한 모서리를 모티브로 세워졌어요.

03

利尻
••••••••••
리시리

利尻山
리시리잔

日本百名山に数えられる標高1721mの利尻山。別名「利尻富士」とも呼ばれ、その美しい姿は多くの登山者を魅了しています。山頂からは島全体を見渡せます。

일본 백대 명산으로 꼽히는 표고 천칠백이십일 미터의 리시리잔. 별명으로 '리시리후지'라고도 불리고, 그 아름다운 모습은 많은 등산객을 매료시키고 있어요. 산 정상에서는 섬 전체를 바라볼 수 있어요.

❻껍데기 殻、皮　❼상징하다 象徴する　❽모티브 モチーフ　❾세워지다 建てられる　❿바라보다 見渡す

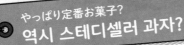

北海道みやげ、何を選ぶ？

おみやげ
선물

홋카이도 여행 선물, 뭘 고를 거예요?

やっぱり定番お菓子？
역시 스테디셀러 과자?

き花
기바나

サクサクした食感が特徴のアーモンドガレット
でホワイトチョコレートをサンド！

바삭바삭한 식감이 특징인 아몬드 갈레트로
사이에 화이트초콜릿이 있어요!

蔵生
구라나마

しっとり
촉촉

生チョコを包んで焼き上げたしっ
とり柔らかい食感のサブレです！

생초콜릿을 싸서 구운 촉촉하고
부드러운 식감의 사브레예요!

サクサク！
바삭바삭

小豆とバターは相性抜群！！
팥과 버터는 찰떡궁합!

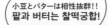

濃厚！
진한 맛

よいとまけ
요이토마케

ふわふわ
폭신폭신

甘酸っぱい特製ハスカッ
プジャムを使ったロール
カステラ。中にもたっぷり
のジャムが入っています！

새콤달콤한 특제
하스카프잼을 사용한
롤 카스텔라. 안에도
잼이 가득 들어 있어요!

あんバタサン
앙버터산

サクサクしっとりしたサブレの間
には小豆と発酵バターを組み合
わせたバタークリームが！

바삭바삭 촉촉한 사브레
사이에는 팥과 발효 버터를
조합한 버터크림이 있어요!

ドゥーブルフロマージュ
더블 프로마쥬

小樽発祥の洋菓子店「ルタオ」が
誇る人気商品。とろりとしたなめ
らかなレアチーズ層と、コクのあ
るベイクドチーズ層を融合した2
層のチーズケーキ。

오타루에서 태어난 양과자점
'르타오'가 자랑하는 인기 상품.
꾸덕꾸덕하고 부드러운
레어 치즈층과 풍부한 맛을 지닌
베이크드 치즈층을 융합한
이 층으로 된 치즈 케이크예요.

| ワンポイント | ❶特徴 特徴 | ❷싸다 包む | ❸부드럽다 柔らかい(⇔ 딱딱하다 固い) | ❹새콤달콤하다 甘酸っぱい | ❺조합 組み合わせ |

040

それとも加工品?
아니면 가공품?

\話してみよう!/

オススメの北海道土産は ? です。

ホッカイドエソ チュチョナヌン
홋카이도에서 추천하는
ソンムルン イムニダ
선물은 ? 입니다.

バタじゃが
바타자가

札幌スープカレーチキン
삿포로 스프카레 치킨

やきそば弁当
야키소바벤토

湯切りのお湯で中
華スープが作れ
ちゃう!

면을 삶은 물로
중화 스프를
만들 수 있어요!

レンジで温めるだけでじゃが
バターができ上がり!

전자레인지에서 데우기만
하면 자가바타(삶은 감자에
버터를 넣은 것)가 돼요!

北海道オニオンスープ
홋카이도 어니언스프

北海道は玉ねぎの生産量全国1位! 北海道の恵みが
たっぷり入ったスープはいかが?

홋카이도는 양파 생산량이 전국에서 일 위!
홋카이도의 은혜가 가득 들어간 스프는 어때요?

本格的なスープカレーがおう
ちでも楽しめる!

본격적인 스프카레를 집에서
도 즐길 수 있어요!

041

限定品
한정품

ご当地飲み物?
지역 음료?

道産子のソウルドリンク!
홋카이도의 소울 음료!

ソフトカツゲン
소프트 카츠겐

甘さ控えめでさっぱりとした後
味の乳酸菌飲料。

당분이 적고 깔끔한 뒷맛의
유산균 음료

プシュッ
푸쉭

気分も爽快!
상쾌한 기분!

のど越し抜群!
목넘김이 좋아요!

リボンナポリン
리본 나폴린

コアップガラナ
고앗프 가라나

サッポロクラシック
삿포로 클래식

100年以上道民に愛される
オレンジ色のサイダー。

백 년 이상 홋카이도
사람들에게 사랑받는
오렌지 색깔의 사이다

ガラナの実から抽出されたガラ
ナエキスを使った炭酸飲料。

과라나 열매에서 추출된 과라
나 엑기스를 쓴 탄산음료

スッキリ飲みやすい麦芽100%
の生ビール。

시원하게 마시기 좋은
맥아 백 퍼센트의 생맥주

---

⑥데우다 温める(⇔식히다 冷やす) ⑦생산량 生産量 ⑧본격적 本格的 ⑨즐기다 楽しむ ⑩쓰다 使う

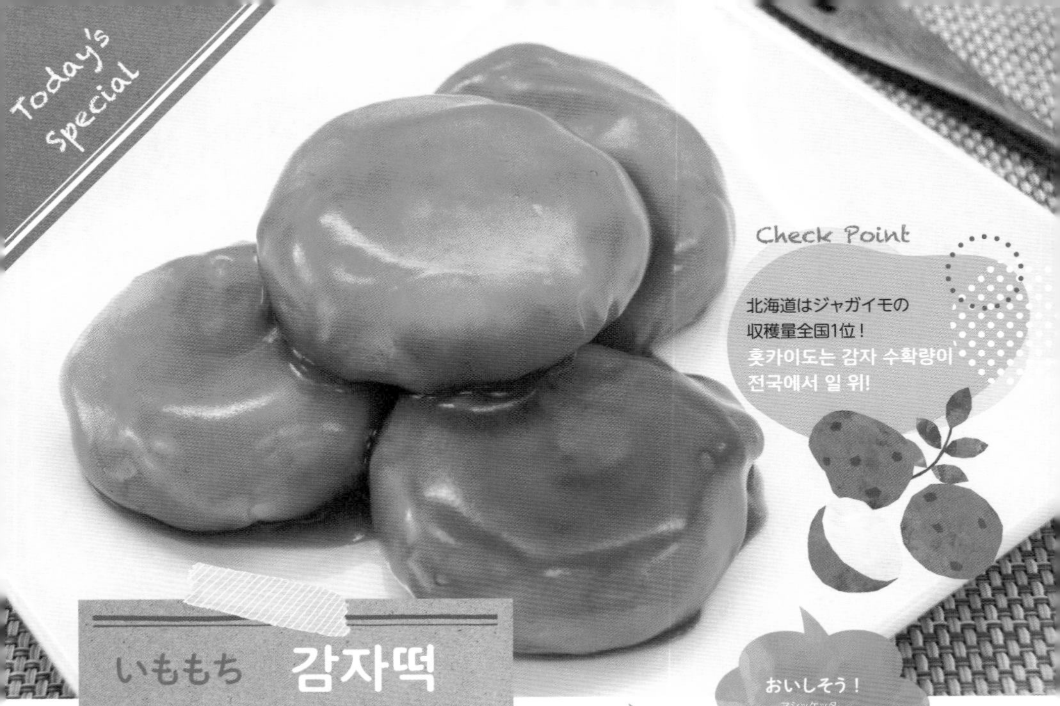

Today's Special
Check Point
北海道はジャガイモの
収穫量全国1位！
홋카이도는 감자 수확량이
전국에서 일 위!
おいしそう！
マシッケッタ
맛있겠다!
モチモチ
ッチョンドゥッチョンドゥク
쫀득쫀득

いももち 감자떡

北海道のおやつ 홋카이도의 간식

材料 재료

ジャガイモ大 … 2個(約400g)
감자 대　두 개 (약 사백 그램)

片栗粉………… 大さじ2
녹말가루　두 큰술

バター ………… 適量
버터　적당량

タレ 소스

醤油………… 大さじ2
간장　두 큰술

みりん ……… 大さじ2
미림　두 큰술

片栗粉……… 大さじ1
녹말가루　한 큰술

砂糖 … 大さじ3
설탕　세 큰술

水 …… 大さじ4
물　네 큰술

タレの作り方 소스 만드는 법

(1) 小鍋にタレの材料をすべて入れる。
작은 냄비에 소스 재료를 모두 넣어요.

(2) だまにならないようによく混ぜる。
덩어리지지 않도록 잘 섞어요.

(3) 弱火でタレが透き通るまで混ぜ、とろみが出たら完成。
약불로 소스가 비칠 때까지 섞어서 걸쭉해지면 완성이에요.

ワンポイント　❶소스/양념 タレ　❷약불 弱火(강불 強火/중불 中火)　❸큰술 大さじ(작은술 小さじ)

揚げる	炒める	焼く	煮る	ゆでる	切る	刻む	混ぜる	加える	量る
튀기다	볶다	굽다	조리다	삶다	자르다	잘게 썰다	섞다	더하다	재다

作り方
만드는 법

1 ジャガイモの皮をむき、竹串がスッと通るまでゆでる。

감자 껍질을 벗기고 꼬치가 쑥 들어갈 때까지 삶아요.

2 お湯を捨て、マッシャーでジャガイモをつぶす。

물을 버리고 매셔(으깨기 도구)로 감자를 으깨요.

3 粗熱が取れたら片栗粉を入れ、粉っぽさがなくなるまで手でこねる。

열이 식으면 녹말가루를 넣고 가루가 없어질 때까지 반죽해요.

4 好みの大きさに成型する。

좋아하는 크기로 만들어요.

5 熱したフライパンにバターをひき、両面をこんがり焼く。

달궈진 프라이팬에 버터를 넣고 양면을 노릇노릇하게 구워요.

お好みでタレをかけて完成!
취향에 따라 소스를 뿌려 완성!

ちょっとアレンジ!

チーズいももち
치즈 감자떡

4 で中にチーズを入れるとチーズいももちに!

4 에서 안에 치즈를 넣으면 치즈 감자떡!

とろーり
サルサル **ノガヨ**
살살 녹아요.

召し上がれ!
マシッケ **トゥセヨ**
맛있게 드세요!

4 껍질 皮 **5** 으깨다 つぶす **6** 반죽하다 こねる **7** 달구다 熱する **8** 양면 両面 **9** 취향에 따라 お好みで

都市と各エリアの案内

도시와 각 지역 안내

ソウル

서울
(ソウル)

「ソウル」とは、かつての韓国語で「首都」を意味します。古代百済の首都で、その後朝鮮時代（1392年建国）から現在に至るまで首都としての機能を果たしています。かつては「漢陽」などとも呼ばれましたが、1949年に「ソウル特別市」に改称されました。大都市のイメージがありますが、漢江（한강）や北漢山（북한산）などの自然にも恵まれています。

Nソウルタワー　N서울타워
(エンソウルタウォ)

南山（남산）の山頂に位置している「Nソウルタワー」。名前の「N」は「New Namsan」を意味します。ここから眺めるソウルの風景は開放感があります。ライトアップした夜は一段と素敵。愛の鍵や名物の「南山トンカツ（남산돈가스）」という韓国式トンカツもおすすめ！

light up!

光化門　광화문
(クァンファムン)

세종대왕

朝鮮時代の王宮である景福宮（경복궁）の入口となる城門です。光化門広場はソウル市民の憩いの場となっており、ハングルを創製した第4代王・世宗大王（세종대왕）の銅像があります。

広蔵市場　광장시장
(クァンジャンシジャン)

韓国初の常設市場。観光客はもちろん地元民にも人気の市場で、韓国らしさを味わえるスポットです。特に屋台グルメが有名で、チヂミ、トッポッキ、キンパなど本場の味を楽しめます。

京畿道
경기도
キョンギド

「京畿」という名称は、高麗時代に首都（開京）の外郭地域を指して呼ばれるようになりました。ソウルとの交通の便も抜群。隣の仁川広域市（**인천광역시**）やソウルと合わせて首都圏を構成しており、首都圏の人口は韓国全体の約半数を占めています。コメの名産地・利川（**이천**）や水原カルビで有名な水原（**수원**）、韓国最大級のテーマパーク「エバーランド」（**에버랜드**）もあります。

水原華城　**수원화성**
スウォンファソン

朝鮮王朝第22代王・正祖（**정조**）が築いた城郭。1997年に世界文化遺産に登録されました。築城にあたり、現代でいうクレーンのような挙重機が発明され、18世紀の科学と建築技術が分かる優秀な建築物として評価されています。王の別邸である華城行宮（**화성행궁**）も見どころ。ドラマ「イ・サン」は正祖の人生を描いたもので、日本でも人気がありますね。

忠清道
충청도
チュンチョンド

忠清北道（**충청북도**）、忠清南道（**충청남도**）、大田広域市（**대전광역시**）、行政中心複合都市の世宗特別自治市（**세종특별자치시**）一帯の地域を指します。名前の由来は、忠州（**충주**）と清州（**청주**）の地名の頭文字。かつて百済に属していた地で、扶餘（**부여**）にはその歴史を感じられるテーマパーク「百済文化団地（**백제문화단지**）」があります。

大田　**대전**
テジョン

札幌市の姉妹都市。1993年に大田国際博覧会を開催し、科学分野のエリート学生が集まる韓国科学技術院（KAIST）があることから科学都市と呼ばれています。パンの町としても有名で、2021年からは韓国初のパンまつりも開かれています。1956年創業の「聖心堂（**성심당**）」は、地元で大人気の老舗ベーカリー。連日多くの観光客でにぎわいます。

全羅道
전라도
チョルラド

全羅北道 (전라북도)、全羅南道 (전라남도)、光州広域市 (광주광역시) を指す地域。名前の由来は、全州 (전주) と羅州 (나주) の頭文字。湖南 (호남) とも呼ばれています。全州はビビンバの発祥地、羅州は梨の産地として有名です。

全州 **전주**
チョンジュ

「全州韓屋村 (전주한옥마을)」には約700軒の伝統家屋が集まり、韓国最大の規模を誇る歴史的街並みが広がります。1914年完成の「殿洞聖堂 (전동성당)」は、赤レンガで造られた聖堂で、韓国における初期キリスト教建築の中でも特に美しい建物として知られています。

潭陽 **담양**
タミャン

潭陽は竹の産地として有名な地域。「竹緑苑 (죽녹원)」(左) には、約31万㎡に及ぶ大規模な竹林が広がっており、風情ある竹林浴を楽しめます。「メタセコイア並木道 (메타세콰이어길)」(右) は、ドラマや映画のロケ地としても使われる美しい並木道。どちらも徒歩やレンタル自転車で散策できます。

光州 **광주**
クァンジュ

1980年5月18日に起こった光州事件により、民主と人権を象徴する都市に。これを題材にした映画「タクシー運転手 (택시운전사)」は韓国で観客動員数1200万人を超えるヒット作となりました。光州にある「5・18民主化運動記録館」(5.18 민주화운동기념관) (左) には、光州民主化運動に関する様々な文書や映像が展示してあり、これらの記録物は2011年ユネスコ「世界の記憶」に登録されました。

慶尚道 경상도
キョンサンド

慶尚北道 (경상북도) と慶尚南道 (경상남도)、大邱広域市 (대구광역시)、釜山広域市 (부산광역시)、蔚山広域市 (울산광역시) を指す地域です。名前の由来は、慶州 (경주) と尚州 (상주) の頭文字。嶺南 (영남) と呼ばれることもあります。古くは新羅に属した地域です。

慶州 경주
キョンジュ

新羅時代の首都であった地域。「屋根のない博物館」と言われるほど、街のあちこちに遺跡が残されています。「慶州歴史遺跡地区 (경주역사유적지구) 」は2000年、世界文化遺産に登録されました。「東宮と月池 (동궁과 월지) 」Ⓐは、夜景で有名なスポットで、新羅時代の王子が住んでいた別宮がありました。月池は広大な人工池で、後に「雁鴨池 (안압지) 」という名も。「瞻星台 (첨성대) 」Ⓑは、新羅時代に建造された東洋最古の天文台遺跡です。

慶州には仏教遺跡も多く残り、1995年に世界文化遺産に登録された「仏国寺 (불국사) 」Ⓒでは新羅時代の優れた仏教建築を知ることができます。境内には釈迦塔 (석가탑) とも呼ばれる三層石塔 (삼층석탑) Ⓓと、韓国の10ウォン硬貨にも描かれている多宝塔 (다보탑) Ⓔがあります。

釜山 부산
プサン

大きな港湾を持つ韓国第2の都市。海雲台 (해운대) と広安里 (광안리) の2大ビーチが有名です。秋には釜山国際映画祭が開かれ、多くの俳優がレッドカーペットを歩きます。監督や俳優の手形が路面に埋め込まれているBIFF広場も人気。

江原道
カンウォンド
강원도

2018年に平昌オリンピック・パラリンピックが開催され、世界的に有名になった地域。名前の由来は、江陵 (강릉) と原州 (원주) の頭文字です。山に囲まれ、自然豊かな地域として観光客にも人気。冬には雪が多く、ジャガイモやトウモロコシを特産品とするなど、北海道との共通点もありますね。軍事境界線 (北緯38度線) を挟んで、北朝鮮にも同名の地域があります。

江陵 カンヌン 강릉

儒学者・李珥 (이이) と、その母で画家の申師任堂 (신사임당) は、親子そろって韓国紙幣の肖像画になっています。2人が生まれた「烏竹軒 (오죽헌・右) は映画などのロケ地としても人気。本場の純豆腐 (순두부・左) も楽しんでみて。

048

済州
チェジュ
제주

韓国の南の島、済州島。韓国屈指のリゾート地として人気があり、国内外から多くの観光客が訪れます。空の便のほかフェリーも運行。海産物はもちろん、日本のデコポンに似たハルラボン (한라봉) などの柑橘類や、黒豚 (흑돼지)、キジ (꿩) 料理なども有名です。

済州島を象徴するのは、済州の方言で「石のお爺さん」を意味する「トルハルバン」(右)。済州島の守り神として、島のあちこちで見られます。定番スポットは韓国最高峰の漢拏山 (한라산) と城山日出峰 (성산일출봉・上)。漢拏山は高さ1947mで、山頂には白鹿譚 (백록담) と呼ばれる火口湖があります。また、城山日出峰は海底噴火によってできた高さ182mの巨大岩山で、頂上から眺める日の出は韓国一の美しさといわれています。

世界文化遺産
세계문화유산

韓国初の文化遺産は1995年に登録された「宗廟 (종묘)」「石窟庵 (석굴암)・仏国寺 (불국사)」「海印寺蔵経板殿 (해인사 장경판전)」の三つ。また、先史時代のお墓の一種である支石墓 (고인돌) は高敞 (고창)・和順 (화순)・江華 (강화) に集まっており、2000年に文化遺産に指定されました。これらの支石墓遺跡は世界的に見ても保存状態がよく、数も多いとされています。さらに、慶州歴史遺跡地区は2000年、百済歴史遺跡地区は15年に登録されており、それぞれ新羅時代、百済時代の文化を知ることができます。

世界自然遺産
세계자연유산

韓国初の自然遺産は2007年に登録された「済州の火山島と溶岩洞窟群 (제주 화산섬과 용암 동굴)」です。火山活動がもたらした独特な景観は、ただ美しいだけでなく学術的価値も高く評価されています。21年には、生物多様性保全のための世界的な重要性により「韓国の干潟 (한국의 갯벌)」が登録されました。認定されたのは、忠清南道の舒川 (서천)、全羅北道の高敞 (고창)、全羅南道の新安 (신안)、宝城 (보성)・順天 (순천) にある4カ所の干潟。韓国の干潟は、絶滅危惧種をはじめ貴重な生物の宝庫です。

韓国の
ユネスコ
（国連教育科学文化機関）
登録遺産を
ピックアップ！

無形文化遺産
무형문화유산

韓国の食べ物といえばキムチ。年に一度、長くて厳しい冬に備えて、春先まで食べられるキムチを大量に漬ける行事を「キムジャン (김장)」と呼びます。漬けたキムチを近所に配ることも。「キムジャン、キムチ作りと分かち合い文化」は2013年人類無形文化遺産に登録されました。韓国の歌としてよく知られている「アリラン、韓国の叙情民謡」は12年に登録。世代を超えて受け継がれる代表的な民謡で、地方によってさまざまな種類があります。

世界の記憶
세계기록유산

韓国固有の文字であるハングルの解説書「訓民正音-解例本 (훈민정음-해례본)」は1997年に登録。世宗大王は、一般庶民にも簡単に読み書きできる文字としてハングルを創製し、1446年に訓民正音の名で公布しました。また、日本と関連する記録では、「朝鮮通信使に関する記録－17世紀～19世紀の韓日間の平和構築と文化交流の歴史」が2017年に登録されています。江戸時代に朝鮮半島から日本に派遣された外交使節団の記録物で、同じ資料が日本でも保管されています。

イラストで学ぶ! 韓国語

ペン活

팬 활동

ヨントン(ビデオ通話)
ヨントン　ヨンサン　トンファ
영통 (영상 통화)

うちわ
プチェ
부채

イヤホン
イオポン
이어폰

パソコン
コムピュト　　ノトゥブク
컴퓨터 / 노트북

ペンライト
ペンライトゥ
팬라이트

推し
チェエ
최애

サランヘヨ
사랑해요
好きです

ファン
ペン
팬

プラカード
プルレカドゥ
플래카드

どう呼べばいいの?　어떻게 불러야 할까요?

私(女)	私(男)
ナ　ヨジャ	ナ　ナムジャ
나(여자)	**나(남자)**

お姉さん	お兄さん	お姉さん	お兄さん
オンニ	オッパ	ヌナ	ヒョン
언니	**오빠**	**누나**	**형**

▶年下の人は呼び捨てするか、名前の後ろに아／야を付けて呼ぶ。

ヤ	ア
名前(パッチムなし) **+야**	名前(パッチムあり) **+아**

グループ	ソロ	ラップ	歌
クルプ	ソルロ	レプ	ノレ
그룹	솔로	랩	노래
ダンス	ヒップホップ	バラード	ワールドツアー
テンス	ヒパプ	パルラドゥ	ウォルドゥトゥオ
댄스	힙합	발라드	월드투어
コンサート	コンサート会場	応募	抽選
コンソトゥ	コンソトゥジャン	ウンモ	チュチョム
콘서트	콘서트장	응모	추첨
当選	落選	応援法	マイク
タンチョム	ットロジダ	ウンウォンッポプ	マイク
당첨	떨어지다	응원법	마이크
イヤモニ	ステージ	トロッコ	スタンディング席
イニオ	ムデ	イドンチャ	ステンディンソク
인이어	무대	이동차	스탠딩석
ハイタッチ会	握手会	サイン会	ライブ
ハイトチフェ	アクスフェ	サイヌェ	ライブ
하이터치회	악수회	사인회	라이브
アンコール	ファンクラブ	ファンミーティング	ファンカフェ
エンコル	ペンクルロプ	ペンミティン	ペンカペ
앵콜	팬클럽	팬미팅	팬카페
公式	非公式	グッズ	限定
コンシク	ピゴンシク	グッジュ	ハンジョン
공식	비공식	굿즈	한정
トレカ		オタク	サポート
ポトカドゥ　ポカ		オタク　マニア	ソポトゥ
포토카드 (포카)		오타쿠／마니아	서포트

推しへ一言
최애에게 한마디

会いたかったです	愛してます	健康に気をつけて
ポゴ　シポッソヨ	サランヘヨ	コンガンハセヨ
보고 싶었어요	사랑해요	건강하세요

かっこいいです	かわいいです	応援します
モシッソヨ	イェッポヨ	ウンウォナルッケヨ
멋있어요	예뻐요	응원할게요

05

Phrase 03 ようこそ

1. 홋카이도에 오신 것을 환영합니다.
ホッカイドエ オシン ゴスル ファニョンハムニダ

ようこそ、北海道へ。

2. 홋카이도는 처음이에요?
ホッカイドヌン チョウミエヨ

北海道は初めてですか?
☞ **일본** 日本、**삿포로** 札幌　(イルボン　サッポロ)
☞ 返事は…**네, 처음이에요.** はい、初めてです。／ **아뇨, 두 번째예요.** いいえ、2回目です。(ネ チョウミエヨ／アニョ トゥ ボンッチェエヨ)

3. 어디에서 오셨어요?
オディエソ オショッソヨ

どちらからいらっしゃいましたか?

4. 어디 가고 싶어요?
オディ ガゴ シポヨ

どこへ行きたいですか?

5. 뭐 먹고 싶어요?
ムォ モッコ シポヨ

何が食べたいですか?
☞ より丁寧な言い方は **뭐 드시고 싶으세요?** (ムォ ドゥシゴ シプセヨ)

6. 저는 홋카이도 출신이에요.
チョヌン ホッカイド チュルッシニエヨ

私は北海道出身です。

7. 홋카이도는 일본 주요 4도 중에서 가장 북쪽에 있는 섬이에요.
ホッカイドヌン イルボン ジュヨ サド ジュンエソ カジャン プッチョゲ インヌン ソミエヨ

北海道は日本の主要4島の中でもっとも北にある島です。

ワンポイント ❶처음 初めて　❷〜고 싶다 〜したい(希望)　❸출신 出身　❹주요 主要　❺북쪽 北(동쪽 東／서쪽 西／남쪽 南)

8. 일본 도도부현 중에서 가장 면적이 큰 지역이에요.

イルボン　トドブヒョン　ジュンエソ　カジャン　ミョンジョギ　クン　チヨギエヨ

日本の都道府県の中で一番面積が大きい地域です。

9. 홋카이도에는 500만명 이상이 살고 있어요.

ホッカイドエヌン　オベンマンミョン　イサンイ　サルゴ　イッソヨ

北海道には 500 万人以上の人が暮らしています。

10. 홋카이도에는 맛있는 음식이 많이 있어요.

ホッカイドエヌン　マシンヌン　ウムシギ　マニ　イッソヨ

北海道にはおいしい食べ物がたくさんあります。

11. 자연이 풍부하고 많은 야생동물이 서식하고 있어요.

チャヨニ　プンブハゴ　マヌン　ヤセンドンムリ　ソシカゴ　イッソヨ

自然が豊かで、多くの野生動物が生息しています。

12. 홋카이도에는 전부 179개의 시정촌이 있어요.

ホッカイドエヌン　チョンブ　ペクチルシックゲエ　シジョンチョニ　イッソヨ

北海道には全部で 179 の市町村があります。

13. 홋카이도는 겨울에 많은 눈이 내려요.

ホッカイドヌン　キョウレ　マヌン　ヌニ　ネリョヨ

北海道は冬にたくさんの雪が降ります。

14. 즐거운 홋카이도 여행이 되시기 바랍니다.

チュルゴウン　ホッカイド　ヨヘンイ　ドェシギ　パラムニダ

楽しい北海道旅行になりますように。

☞ ~**이**／가 **되시기 바랍니다.**　~になりますように
イ　ガ　ドェシギ　パラムニダ

例　**좋은 주말이 되시기 바랍니다.**　良い週末をお過ごしください。
チョウン　ジュマリ　ドェシギ　パラムニダ
　　　　　　　　　　　　　　　　　　（良い週末になりますように）

---

❻면적 面積　❼풍부하다 豊かだ　❽야생동물 野生動物　❾서식하다 生息する　❿전부 全部　⓫즐겁다 楽しい

Phrase 04 　札幌

1. 삿포로는 홋카이도의 중심 도시예요.
サッポロヌン　ホッカイドエ　チュンシム　ドシエヨ

札幌は北海道の中心都市です。

2. 오도리공원은 삿포로 시민의 휴식 공간이에요.
オドリコンウォヌン　サッポロ　シミネ　ヒュシッ　コンガニエヨ

大通公園は札幌市民の憩いの場です。

3. 오도리공원에는 계절마다 아름다운 꽃이나 나무가 심어져 있어요.
オドリコンウォネヌン　ケジョルマダ　アルムダウン　ッコチナ　ナムガ　シモジョ　イッソヨ

大通公園には四季折々の美しい花や樹木が植えられています。

4. 삿포로 중심부는 노면전차를 타고 이동하면 편리해요.
サッポロ　チュンシムブヌン　ノミョンジョンチャルル　タゴ　イドンハミョン　ピョルリヘヨ

札幌中心部は路面電車に乗って移動すると便利です。

5. 모이와야마의 산 정상에서는 삿포로 전경을 바라볼 수 있어요.
モイワヤマエ　サン　ジョンサンエソヌン　サッポロ　チョンギョンウル　パラボル　ッス　イッソヨ

藻岩山の山頂からは札幌の街並みが見渡せます。

6. 모이와야마는 '연인의 성지'고, 산 정상에는 '사랑의 자물쇠'가 걸려 있어요.
モイワヤマヌン　ヨニネ　ソンジゴ　サン　ジョンサンエヌン　サランエ　チャムルッスェガ
コルリョ　イッソヨ

藻岩山は「恋人の聖地」で、山頂には「愛の鍵」がかけられています。

7. '소년이여 야망을 가져라'로 유명한 클라크 박사의 흉상은 홋카이도대학에 있어요.
ソニョニヨ　ヤマンウル　カジョラロ　ユミョンハン　クルラク　パクサエ　ヒュンサンウン
ホッカイドテハゲ　イッソヨ

「Boys, be ambitious.（少年よ、大志を抱け）」で有名なクラーク博士の胸像は
北海道大学にあります。

ワンポイント ❶중심 中心　❷시민 市民　❸편리하다 便利だ　❹전경 街並み　❺성지 聖地　❻흉상 胸像

Phrase 05

定山渓温泉

1. 조잔케이는 삿포로 시내에 있고 중심부에서의 교통도 좋아요.

チョジャンケイヌン　サッポロ　シネエ　イッコ　チュンシムブエソエ　キョトンド　チョアヨ

定山渓は札幌市内にあり、中心部からのアクセスも良好です。

2. 양질의 온천이 있고 풍부한 자연에 둘러싸여서 '삿포로의 오쿠자시키'라고 불려요.

ヤンジレ　オンチョニ　イッコ　プンブハン　チャヨネ　トゥルロッサヨヨ　サッポロエ
オクジャシキラゴ　プルリョヨ

良質な温泉があり豊かな自然に囲まれているため、「札幌の奥座敷」と呼ばれています。

➡ 오쿠자시키란 도시 근교의 관광지나 온천지를 말해요.
　奥座敷とは、都市近郊の観光地や温泉地を指します。

3. 갓파는 일본의 요괴고 조잔케이 온천에는 갓파 전설이 남아 있어요.

カッパヌン　イルボネ　ヨゲゴ　チョジャンケイ　オンチョネヌン　カッパ　ジョンソリ　ナマ　イッソヨ

かっぱは日本の妖怪で、定山渓温泉にはかっぱ伝説が残っています。

4. 온천가 곳곳에 갓파 동상이 놓여 있어요.

オンチョンガ　コッコセ　カッパ　ドンサンイ　ノヨ　イッソヨ

温泉街のあちこちにかっぱの像が置かれています。

5. 조잔케이에는 당일치기 온천을 즐길 수 있는 시설이 많아요.

チョジャンケイエヌン　タンイルチギ　オンチョヌル　チュルギル　ッス　インヌン　シソリ　マナヨ

定山渓には日帰り温泉が楽しめる施設がたくさんあります。

6. 무료 족욕탕도 있어서 수건을 가지고 가면 좋을 거예요.

ムリョ　チョギョクタンド　イッソ　スゴヌル　カジゴ　カミョン　チョウル　ッコエヨ

無料の足湯もあるので、タオルを持っていくといいでしょう。

7. 조잔케이의 명물은 '다이코쿠야 상점'의 온센만주예요.

チョジャンケイエ　ミョンムルン　ダイコクヤ　サンジョメ　オンセンマンジュエヨ

定山渓の名物は大黒屋商店の温泉まんじゅうです。

---

❼교통 交通、アクセス　**❽놓이다** 置かれる　**❾~(으)ㄹ 거예요** ~でしょう（推量）　**❿상점** 商店

Phrase 06 小樽

1. **오타루는 유리 공예가 번성한 곳으로 알려져 있어요.**

   オタルヌン　ユリ　ゴンイェガ　ポンソンハン　ゴスロ　アルリョジョ　イッソヨ

   小樽はガラス工芸が盛んな町として知られています。

2. **돈보다마나 오르골 만들기 등 다양한 만들기 체험을 할 수 있어요.**

   トンボダマナ　オルゴル　マンドゥルギ　ドゥン　タヤンハン　マンドゥルギ　チェホムル　ハル　ッス　イッソヨ

   とんぼ玉やオルゴール作りなど多様な制作体験ができます。

3. **상점가에서는 해산물이나 디저트 등을 먹으면서 돌아다닐 수 있어요.**

   サンジョムガエソヌン　ヘサンムリナ　ディジョトゥ　ドゥンウル　モグミョンソ　トラダニル　ッス　イッソヨ

   商店街では海鮮やスイーツなどの食べ歩きができます。

4. **스시야도리에서는 장인이 만드는 맛있는 초밥을 먹을 수 있어요.**

   スシヤドリエソヌン　チャンイニ　マンドゥヌン　マシンヌン　チョバブル　モグル　ッス　イッソヨ

   寿司屋通りでは職人が握るおいしいすしが食べられます。

   ☛ すしに関する豆知識はP114-115

5. **오타루 거리를 인력거를 타고 돌 수 있어요.**

   オタル　ゴリルル　イルリョッコルル　タゴ　トル　ッス　イッソヨ

   小樽の街を人力車に乗って巡ることができます。

6. **인력거를 끄는 사람을 '샤후'라고 해요.**

   イルリョッコルル　ックヌン　サラムル　シャフラゴ　ヘヨ

   人力車を引く人を「車夫」といいます。

7. **오타루 운하를 약 40분 걸려서 도는 크루즈도 인기가 있어요.**

   オタル　ウナルル　ヤク　サシップン　コルリョソ　ドヌン　クルジュド　インッキガ　イッソヨ

   小樽運河を約40分かけて巡るクルーズも人気があります。

Phrase 07　ニセコ・登別・白老

1. 여름에는 요테이잔 주변을 자전거로 일주하는 이벤트가 개최돼요.

ヨルメヌン　ヨテイジャン　チュビョヌル　チャジョンゴロ　イルッチュハヌン　イベントゥガ　ケチェドェヨ

夏には羊蹄山の周りを自転車で一周するイベントが開催されます。

2. 대자연 안을 달리는 사이클링은 상쾌함이 있어요.

テジャヨン　アヌル　タルリヌン　サイクルリングン　サンクェハミ　イッソヨ

大自然の中を走るサイクリングは爽快感があります。

3. 노보리베쓰에는 도깨비를 모티브로 한 모형이 많이 있어요.

ノボリベツエヌン　トッケビルル　モティブロ　ハン　モヒョンイ　マニ　イッソヨ

登別には鬼をモチーフにした像がたくさんあります。

4. 여름에 개최되는 '도깨비 불꽃 축제'는 분화한 지옥계곡을 이미지했어요.

ヨルメ　ケチェドェヌン　トッケビ　プルッコッ　チュッチェヌン　プヌァハン　チオッケゴグル　イミジヘッソヨ

夏に行われる「鬼花火」は噴火した地獄谷をイメージしています。

5. '유키진'은 노보리베쓰 온천의 수호신이에요.

ユキジヌン　ノボリベツ　オンチョネ　スホシニエヨ

「湯鬼神（ゆきじん）」は登別温泉の守り神です。

6. 사람들의 행복과 무병장수를 기원하면서 유키진이 불꽃을 쏴요.

サラムドゥレ　ヘンボックァ　ムビョンジャンスルル　キウォナミョンソ　ユキジニ　プルッコチュル　ッスァヨ

人々の幸福と無病息災を願って、湯鬼神が花火を打ち上げます。

➡ 無病息災は「무병장수（無病長寿）」といいます。

7. 시라오이에는 아이누 문화가 짙게 남아 있어요.

シラオイエヌン　アイヌ　ムヌァガ　ジッケ　ナマ　イッソヨ

白老にはアイヌ文化が色濃く残っています。

❻달리다 走る　❼수호신 守り神　❽불꽃을 쏘다 花火を打ち上げる　❾짙다 濃い(⇔옅다 薄い)

Phrase 08 　洞爺湖・支笏湖

1. **사이로 전망대에서는 도야코 전체를 한눈에 볼 수 있어요.**
   サイロ　チョンマンデエソヌン　トヤコ　チョンチェルル　ハンヌネ　ポル　ッス　イッソヨ

   サイロ展望台では洞爺湖全体を一望することができます。

2. **헬리콥터를 타고 상공에서 구경하는 유람 비행도 인기가 있어요.**
   ヘルリコプトルル　タゴ　サンゴンエソ　クギョンハヌン　ユラム　ピヘンド　インッキガ　イッソヨ

   ヘリコプターに乗って上空から眺める遊覧飛行も人気があります。

3. **도야코에서는 렌털 보트를 즐길 수 있어요.**
   トヤコエソヌン　レントル　ボトゥルル　チュルギル　ッス　イッソヨ

   洞爺湖ではレンタルボートを楽しむことができます。

4. **겨울이 되면 도야코 온천가에 환상적인 일루미네이션 터널이 등장해요.**
   キョウリ　ドェミョン　トヤコ　オンチョンガエ　ファンサンジョギン　イルルミネイション
   トノリ　トゥンジャンヘヨ

   冬になると、洞爺湖温泉街に幻想的なイルミネーショントンネルが現れます。

5. **시코쓰코의 물은 투명도가 높아서 '시코쓰코블루'라고 불려요.**
   シコツコエ　ムルン　トゥミョンドガ　ノパソ　シコツコブルルラゴ　プルリョヨ

   支笏湖の水は透明度が高いことから、「支笏湖ブルー」と呼ばれています。

6. **시코쓰코 주변에는 야생의 사슴이 많이 서식하고 있어요.**
   シコツコ　チュビョネヌン　ヤセンエ　サスミ　マニ　ソシカゴ　イッソヨ

   支笏湖周辺には野生のシカがたくさん生息しています。

7. **차를 운전할 때는 사슴을 주의합시다.**
   チャルル　ウンジョナル　ッテヌン　サスムル　チュイハプシダ

   車を運転する時はシカに注意しましょう。

Phrase 09 帯広

1. 오비히로는 '음식의 보고'라고 불려요.

オビヒロヌン　ウムシゲ　ポゴラゴ　プルリョヨ

帯広は食の宝庫と呼ばれています。

---

2. 부타동이 태어난 지역으로 많은 부타동 전문점이 있어요.

プタドンイ　テオナン　チヨグロ　マヌン　プタドン　チョンムンジョミ　イッソヨ

豚丼発祥の地で、たくさんの豚丼専門店があります。

---

3. '반에이 경마'를 볼 수 있는 곳은 세계에서 오비히로뿐이에요.

パネイ　キョンマルル　ポル　ッス　インヌン　ゴスン　セゲエソ　オビヒロップニエヨ

ばんえい競馬を見られるのは世界で帯広だけです。

---

4. 경마장 옆에 있는 '도카치 마을'에는 지역 농산물 직판장이 있어요.

キョンマジャン　ヨペ　インヌン　トカチ　マウレヌン　チヨン　ノンサンムル　チクパンジャンイ
イッソヨ

競馬場のそばにある「とかちむら」には、地元でとれた農産物の直売所があります。

---

5. 고후쿠역은 JR 오비히로역에서 차로 30분 정도 걸려요.

コフクヨグン　ジェイアル　オビヒロヨゲソ　チャロ　サムシップン　ジョンド　コルリョヨ

幸福駅は JR 帯広駅から車で 30 分ほどかかります。

---

6. 고후쿠역에는 인생샷 스팟이 많이 있어요.

コフクヨゲヌン　インセンシャッ　スパシ　マニ　イッソヨ

幸福駅にはインスタ映えスポットがたくさんあります。

**7. 복고풍 분위기의 사진을 찍을 수 있어서 많은 관광객이
방문해요.**

ポッコプン　プヌィギエ　サジヌル　ッチグル　ッス　イッソソ　マヌン　クァングァンゲギ
パンムネヨ

レトロな雰囲気の写真が撮れるため、多くの観光客が訪れます。

---

❺~뿐 ~だけ　❻직판장 直売所　❼~(으)로 ~で(手段・方法)　❽인생샷 インスタ映え　❾스팟 スポット

富良野・美瑛

1. **후라노는 홋카이도의 중심에 있어서 '홋카이도의 배꼽'이라고 불려요.**

フラノヌン　ホッカイドエ　チュンシメ　イッソソ　ホッカイドエ　ペッコビラゴ　プルリョヨ

富良野は北海道の中央にあることから「北海道のへそ」と呼ばれています。

2. **후라노에는 아름다운 라벤더밭이 있어요.**

フラノエヌン　アルムダウン　ラベンドバチ　イッソヨ

富良野には美しいラベンダー畑があります。

3. **라벤더 시즌이 되면 기간 한정 '노롯코호'라는 도롯코 열차가 달려요.**

ラベンド　シズニ　ドェミョン　キガ　ナンジョン　ノロッコホラヌン　トロッコ　ヨルチャガ　タルリョヨ

ラベンダーシーズンになると、期間限定で「ノロッコ号」というトロッコ列車が走ります。

4. **상쾌한 바람을 맞으면서 차창 밖으로 라벤더를 볼래요?**

サンクェハン　パラムル　マジュミョンソ　チャチャン　バックロ　ラベンドルル　ポルレヨ

爽やかな風を浴びながら、車窓からラベンダーを眺めてみませんか?

5. **후라노는 낮과 밤의 기온차가 크기 때문에 멜론의 재배에 적합해요.**

フラノヌン　ナックァ　バメ　キオンチャガ　クギ　ッテムネ　メルロネ　チェベエ　チョカペヨ

富良野は昼夜の寒暖差が大きいため、メロンの栽培に適しています。

6. **아오이이케는 비에이의 시로가네 온천 근처에 있어요.**

アオイイケヌン　ビエイエ　シロガネ　オンチョン　クンチョエ　イッソヨ

「青い池」は美瑛の白金温泉の近くにあります。

➡ 青い池は「청의(青い)연못(池)」とも呼ばれています。

7. **날씨나 시간에 따라 푸른색이 변하는 신비한 연못이에요.**

ナルッシナ　シガネ　ッタラ　プルンセギ　ピョナヌン　シンビハン　ヨンモシエヨ

天候や時刻によって青の色あいが変わる神秘的な池です。

　❶밭 畑　❷~(으)ㄹ래요? ~しませんか?(相手の意向を尋ねる)　❸근처 近く　❹변하다 変わる

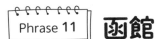
Phrase 11 函館

1. 하코다테는 삿포로, 아사히카와에 이어 세 번째로 인구가 많은 도시예요.

ハコダテヌン　サッポロ　アサヒカワエ　イオ　セボンッチェロ　イングガ　マヌン　トシエヨ

函館は札幌、旭川に次いで（北海道で）3 番目に人口の多い都市です。

2. 하코다테는 일본의 첫 국제 무역항으로 번성했어요.

ハコダテヌン　イルボネ　チョッ　クッチェ　ムヨカンウロ　ポンソンヘッソヨ

函館は日本初の国際貿易港として栄えました。

3. 홋카이도와 아오모리현은 세이칸 터널로 이어져 있어요.

ホッカイドワ　アオモリヒョヌン　セイカン　トノルロ　イオジョ　イッソヨ

北海道と青森県は青函トンネルでつながっています。

4. 날씨가 좋은 날에는 바다 저편으로 아오모리가 보여요.

ナルッシガ　チョウン　ナレヌン　パダ　チョピョヌロ　アオモリガ　ポヨヨ

天気が良い日には、海の向こうに青森が見えます。

5. 하코다테는 '언덕의 마을'이라고 불릴 정도로 많은 언덕이 있어요.

ハコダテヌン　オンドゲ　マウリラゴ　プルリル　ッチョンドロ　マヌン　オンドギ　イッソヨ

函館は「坂の街」と呼ばれるほどたくさんの坂があります。

6. 밤이 되면 베이에리아가 라이트 업되고 환상적인 분위기에 휩싸여요.

パミ　ドェミョン　ベイエリアガ　ライトゥ　オッドェゴ　ファンサンジョギン　プヌィギエ　フィプサヨヨ

夜になるとベイエリアがライトアップされ、幻想的な雰囲気に包まれます。

7. 커플의 데이트 장소로도 인기가 있어요.

コプレ　デイトゥ　ジャンソロド　インッキガ　イッソヨ

カップルのデートスポットとしても人気があります。

---

❺~에 이어 ~に次いで　❻이어지다 つながる　❼보이다 見える　❽언덕 坂、丘　❾휩싸이다 包まれる

Phrase 12　函館エリア

1. 하코다테 아침시장에서는 아침부터 일품의 해산물을 먹을 수 있어요.

ハコダテ　アチムシジャンエソヌン　アチムブト　イルプメ　ヘサンムルル　モグル　ッス　イッソヨ

函館朝市では朝から絶品の海鮮が食べられます。

2. 하코다테에는 전국적으로도 유명한 2대 체인점이 있어요.

ハコダテエヌン　チョングッチョグロド　ユミョンハン　イデ　チェインジョミ　イッソヨ

函館には全国的にも有名な 2 大チェーン店があります。

3. 시카베초를 대표하는 특산품은 명란젓이에요.

シカベチョルル　テピョハヌン　トゥクサンプムン　ミョンナンジョシエヨ

鹿部町を代表する特産品はたらこです。

4. 시카베 간헐천공원에서는 족욕을 할 수 있어요.

シカベ　カノルチョンコンウォネソヌン　チョギョグル　ハル　ッス　イッソヨ

しかべ間歇泉公園では足湯につかることができます。

5. 간헐천이 뿜어져 나오는 모습을 눈앞에서 볼 수 있어요.

カノルチョニ　ップモジョ　ナオヌン　モスブル　ヌナペソ　ポル　ッス　イッソヨ

間歇泉が噴き出す様子を目の前で見ることができます。

👉 간헐천이란 일정한 시간 간격을 두고 주기적으로 뿜어져 나오는 온천을 말해요.
　間歇泉とは、一定の時間を隔てて周期的に噴き出す温泉のことです。

6. 오누마는 고마가타케의 분화에 의해 만들어진 호수예요.

オヌマヌン　コマガタケエ　プヌァエ　イヘ　マンドゥロジン　ホスエヨ

大沼は駒ヶ岳の噴火によって作られた湖です。

7. 가을의 오누마공원은 단풍의 명소예요.

カウレ　オヌマコンウォヌン　タンプンエ　ミョンソエヨ

秋の大沼公園は紅葉の名所です。

ワンポイント　❶일품 絶品　❷체인점 チェーン店　❸특산품 特産品　❹뿜다 噴く　❺눈앞 目の前

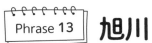

Phrase 13　旭川

1. 아사히카와는 홋카이도 제2의 도시예요.

アサヒカワヌン　ホッカイド　チェイエ　トシエヨ

旭川は北海道第 2 の都市です。

---

2. 아사히야마 동물원은 여름과 겨울에 전시 방법이 바뀌어요.

アサヒヤマ　トンムルォヌン　ヨルムグァ　キョウレ　チョンシ　バンボビ　パックィオヨ

旭山動物園は夏と冬で展示方法が変わります。

---

3. 여름에는 동물들에게 큰 얼음을 선물해요.

ヨルメヌン　トンムルドゥレゲ　ク　ノルムル　ソンムレヨ

夏には動物たちに大きな氷がプレゼントされます。

---

4. 겨울에는 눈 위를 아장아장 걷는 펭귄의 산책을 볼 수 있어요.

キョウレヌン　ヌ　ヌィルル　アジャンアジャン　コンヌン　ペングィネ　サンチェグル　ポルッス　イッソヨ

冬には雪の上をヨチヨチ歩くペンギンの散歩が見られます。

➡ ペンギンの歩き方は、「뒤뚱뒤뚱(ティットゥンディッドゥン)」とも表現します。

---

5. 행동전시에 따라 동물들의 생기있는 모습을 볼 수 있어요.

ヘンドンジョンシエ　ッタラ　トンムルドゥレ　センギインヌン　モスブル　ポル　ッス　イッソヨ

行動展示によって動物たちの生き生きした姿を見ることができます。

---

6. 먹이를 먹는 모습을 가까이서 볼 수 있는 '모구모구 타임'은 반드시 봐야 돼요.

モギルル　モンヌン　モスブル　カッカイソ　ポル　ッス　インヌン　モグモグ　タイムン　パンドゥシ　プァヤ　ドェヨ

エサを食べる姿を間近に見られる「もぐもぐタイム」は必見です。

---

7. 각 동물의 습성을 살린 먹이 주는 방법은 관람객을 즐겁게 해요.

カッ　ドンムレ　スプソンウル　サルリン　モギ　ジュヌン　パンボブン　クァルラムゲグル　チュルゴッケ　ヘヨ

動物ごとの習性を生かしたエサやり方法で客を楽しませています。

Track13
◉◉◉ 063
旭川

Phrase 14 **オホーツク・稚内**

1. 시레토코는 세계 유수의 큰곰 서식지예요.
シレトコヌン　セゲ　ユスエ　クンゴム　ソシッチエヨ

知床は世界有数のヒグマの生息地です。

2. 원시림 안에 있는 신비한 5곳의 호수를 '시레토코 오호'라고 해요.
ウォンシリ　マネ　インヌン　シンビハン　タソッコセ　ホスルル　シレトコ　オホラゴ　ヘヨ

原生林の中にある神秘的な五つの湖を「知床五湖」といいます。

3. 시레토코의 자연을 잘 아는 네이처 가이드와 걷는 것을 추천해요.
シレトコエ　チャヨヌル　チャ　ラヌン　ネイチョ　ガイドゥワ　コンヌン　ゴスル　チュチョネヨ

知床の自然を知り尽くしたネーチャーガイドと歩くのがおすすめです。

4. 아바시리 감옥 안에 있는 감옥 식당에서는 교도소 식사를 체험할 수 있어요.
アバシリ　カモ　ガネ　インヌン　カモク　シッタンエソヌン　キョドソ　シクサルル
チェホマル　ッス　イッソヨ

網走監獄内にある監獄食堂では、刑務所の食事を体験することができます。

5. 오호쓰크 유빙관에서는 '유빙의 천사'라고 불리는 '클리오네'를 볼 수 있어요.
オオツク　ユビングァネソヌン　ユビンエ　チョンサラゴ　プルリヌン　クルリオネルル
ポル　ッス　イッソヨ

オホーツク流氷館では「流氷の天使」と呼ばれるクリオネを見ることができます。

6. 왓카나이는 일본 최북단 지역이에요.
ワッカナイヌン　イルボン　チェブッタン　チヨギエヨ

稚内は日本最北端の市です。

7. 소야미사키에서 사할린 남단까지의 거리는 불과 43킬로미터예요.
ソヤミサキエソ　サハルリン　ナムダンッカジエ　コリヌン　プルグァ　サシプサムキルロミトエヨ

宗谷岬からサハリン南端までの距離はわずか43kmです。

ワンポイント ❶호수 湖 ❷잘 알다 知り尽くす ❸걷다 歩く ❹추천하다 すすめる ❺최북단 最北端 ❻불과 わずか

もっと知りたい！
北海道&韓国

基本データ
기본 데이터

都道府県の魅力度ランキングで10年以上トップの座を守り続けている北海道。魅力的な景色やグルメを求めて、季節を問わず、国内外から多くの観光客が訪れる人気の観光地です。

전국 매력도 순위에서 십 년 이상 톱의 자리를 지키고 있는 홋카이도. 매력적인 경치나 맛있는 음식을 찾아서 계절을 불문하고 국내외에서 많은 관광객이 방문하는 인기 관광지예요.

シンボル
상징

///

鳥 　タンチョウ
새┤**두루미**

木 　エゾマツ
나무┤**가문비나무**

花 　ハマナス
꽃┤**해당화**

///

稚内市
왓카나이시

도호쿠
道北エリア

留萌市
루모이시

増毛町
마시케초

旭川市
아사히카와시

滝川市
다키카와시

小樽市
오타루시

도오
道央エリア

富良野市
후라노시

札幌市
삿포로시

苫小牧市
도마코마이시

登別市
노보리베쓰시

도난
道南エリア

室蘭市
무로란시

函館市
하코다테시

北海道に住む人のことを
「道民（どうみん）」といいます。
**홋카이도에 사는 사람을
'도민'이라고 해요.**

北海道生まれの人を
「道産子（どさんこ）」と呼びます。
**홋카이도에서 태어난 사람을
'도산코'라고 불러요.**

ワンポイント　❶매력 魅力　❷지키다 守る　❸~을/를 불문하고 ～を問わず　❹~(이)라고 해요 ～といいます

▶ 面積 **면적**……**8万3457km²** — 全国1位!

▶ 人口 **인구**……**約515万人**
※2022年11月末

人口密度は全国で最も低い!
인구밀도는 전국에서 가장 낮아요!

▶ 道庁所在地 **도청소재지**……**札幌市**

政令指定都市

• 日本列島で最北に位置する
일본 열도에서 최북단에 위치하고 있어요.

• 道央、道南、道東、道北の四つのエリアに分けられる

**도오, 도난, 도토, 도호쿠의
네 개 지역으로 나뉘어 있어요.**

• 1869年、北海道開拓のための開拓使が設置され、「蝦夷地(えぞち)」から「北海道」に改称された

**천팔백육십구 년 홋카이도 개척을 위한
개척사라는 관청이 설치되고
'에조치'에서 '홋카이도'로 개명됐어요.**

紋別市
몬베쓰시

網走市
아바시리시

北見市
기타미시

도토
道東エリア

根室市
네무로시

釧路市
구시로시

帯広市
오비히로시

067

気候 기후

///

冷帯(亜寒帯)に属し、夏と冬の寒暖差が大きく、湿度が低いのが特徴。本州に比べて梅雨や台風の影響をあまり受けません。夏が短いのに対し冬が長く、11月ごろから雪が降り始め、3〜4月ごろまで積雪が続きます。年平均気温は5〜10度、年平均降水量は700〜1700mmほどです。四季がはっきりしているため、季節ごとにさまざまな自然の表情を楽しむことができます。

**냉대 기후(아한대)에 속하며 여름과 겨울의 일교차가 크고
습도가 낮은 것이 특징. 혼슈에 비해 장마나 태풍의 영향을
그다지 받지 않아요. 여름이 짧은 반면 겨울이 길고 십일월쯤부터
눈이 내리기 시작해서 삼월에서 사월쯤까지 눈이 계속 쌓여요.
연평균 기온은 오에서 십 도, 연평균 강수량은 칠백에서
천칠백 밀리미터 정도예요. 사계절이 뚜렷하기 때문에 계절마다
다양한 자연의 모습을 즐길 수 있어요.**

広さ 크기

///

日本の総面積の20%以上を占めている広い北海道。地図上では近く見えても、札幌〜函館間は本州の東京〜浜松間ほどの距離にあたります。せっかくの旅行が移動で終わってしまうことのないよう、行きたい場所の優先順位を決めて、効率的なプランを立てましょう。

**일본 총면적의 이십 퍼센트 이상을 차지하고 있는 넓은 홋카이도. 지도상으로는 가까워 보여도
삿포로에서 하코다테 사이는 혼슈의 도쿄에서 하마마쓰 정도의 거리에 해당돼요. 모처럼의
여행이 이동으로 끝나 버리는 일이 없도록 가고 싶은 장소의 우선순위를 정해서 효율적인 계획을
세워 봅시다.**

❺낮다 低い(⇔높다 高い) ❻짧다 短い ❼길다 長い ❽넓다 広い(⇔좁다 狭い) ❾우선순위 優先順位

韓国の
基礎知識

基本データ
기본 데이터

韓国の基本データを見ていきましょう。
北海道と岩手県を合わせると、韓国とほぼ同じ面積になります。

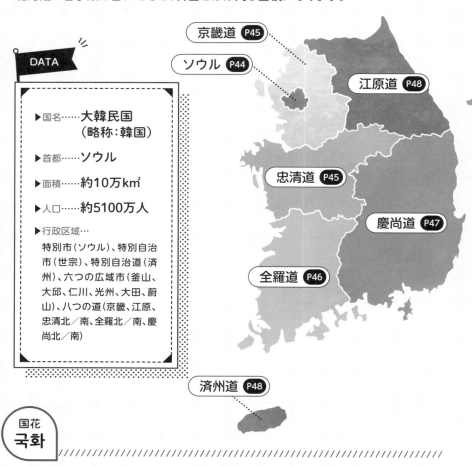

京畿道 P45

ソウル P44

江原道 P48

忠清道 P45

慶尚道 P47

全羅道 P46

済州道 P48

DATA

- ▶国名……**大韓民国**
  （略称：韓国）

- ▶首都……**ソウル**

- ▶面積……**約10万km²**

- ▶人口……**約5100万人**

- ▶行政区域…
  特別市（ソウル）、特別自治
  市（世宗）、特別自治道（済
  州）、六つの広域市（釜山、
  大邱、仁川、光州、大田、蔚
  山）、八つの道（京畿、江原、
  忠清北／南、全羅北／南、慶
  尚北／南）

国花
국화

無窮花
ムグンファ
무궁화

昔の記録では「天国のお花」と称されており、新羅時代の人々
は自らの国を「無窮花の国」と呼んでいました。韓国人が愛
する無窮花は国歌「愛国歌（애국가）」の歌詞にも登場しま
す。そのほか、大統領の表彰、国家議員のバッジ、裁判所の
マーク、韓国の国章にも用いられています。

国旗
국기

太極旗
テグッキ
태극기

1882年に考案された太極旗をベースに、多様なデザインの国旗が使われてきましたが、1949年に正式に定められました。中央には「太極(宇宙)」を表す円があり、四隅には「卦」と呼ばれる線が配置されています。あらゆるものが太極を中心にして調和を成している様子を表しています。

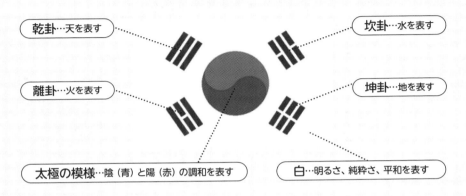

- 乾卦…天を表す
- 坎卦…水を表す
- 離卦…火を表す
- 坤卦…地を表す
- 太極の模様…陰(青)と陽(赤)の調和を表す
- 白…明るさ、純粋さ、平和を表す

年号と暦
연호와 달력

韓国では西暦のみを使います。日本は西暦と和暦を併用するため、韓国人が日本に移住する際の手続きは一苦労。また日本を含め、世界的には陽暦を使用しますが、韓国では陽暦と陰暦のどちらも使います。陰暦を使う機会は年々減ってきてはいますが、설날ソルラル(旧正月—日本の正月／陰暦1月1日)、추석チュソク(秋夕—日本のお盆／陰暦8月15日)をはじめとした伝統行事やお年寄りの誕生日は陰暦でお祝いします。

陽暦

地球が太陽の周りを回る周期を基準として定められた暦。1年は365日(4年に1度、1年が366日になる=うるう年)。

陰暦

月の満ち欠けの周期を基準として定められた暦。1年は354日(約3年に1度、1年が13カ月に増える=うるう月)。

苗字
성

韓国で多い苗字は
김キム(金)
이イ(李)
박パク(朴)です。

この三つの苗字だけで韓国の人口の3分の1以上を占めます。以前、ある国際競技で、韓国人選手たちの苗字に偶然「キム」が多かったため、「韓国にはキムさんしかいないの?」と話題になったことも。また韓国では一度決まった苗字は変えられません。結婚しても苗字が変わらないのは日本との大きな違いですね。

イラストで学ぶ！韓国語

北海道の農畜産物
홋카이도의 농축산물

北海道の主な農畜産物を紹介します。
홋카이도의 주요 농축산물을 소개할게요.

양파
^{ヤンパ}

玉ねぎ

아스파라거스
^{アスパラゴス}

アスパラガス

백합뿌리
^{ペカッブリ}

ゆり根

멜론
^{メルロン}

メロン

감자
^{カムジャ}

ジャガイモ

마
^マ

山芋

쌀
^{ツサル}

米

밀
^{ミル}

小麦

콩
^{コン}

大豆

팥
^{パッ}

小豆

강낭콩
^{カンナンコン}

いんげん豆

메밀
^{メミル}

そば

사탕무
サタンム

てんさい

무
ム

大根

당근
タングン

にんじん

치즈
チジュ

チーズ

우엉
ウオン

ごぼう

호박
ホバク

かぼちゃ

옥수수
オクスス

とうもろこし

토마토
トマト

トマト

브로콜리
プロコルリ

ブロッコリー

포도
ポド

ぶどう

하스카프
ハスカプ

ハスカップ

나무딸기
ナムッタルギ

木苺

우유
ウユ

牛乳

소고기
ソゴギ

牛肉

돼지고기
トェジコギ

豚肉

양고기
ヤンコギ

羊肉

北海道の海産物

홋카이도의 해산물

北海道でよく取れる海産物を紹介します。
홋카이도에서 많이 잡히는 해산물을 소개할게요.

연어 _{ヨノ} サケ

다시마 _{タシマ} 昆布

가리비 _{カリビ} ホタテ

함박조개 _{ハムパッチョゲ} ホッキ

성게 _{ソンゲ} ウニ

게 _ケ カニ

새우 _{セウ} エビ

연어알 _{ヨノアル} イクラ

오징어 _{オジンオ} イカ

문어 _{ムノ} タコ

임연수어 _{イミョンスオ} ホッケ

청어 _{チョンオ} ニシン

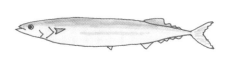

꽁치 _{ッコンチ} サンマ

대구 _{テグ} タラ

넙치 _{ノプチ} ヒラメ

가자미 _{カジャミ} カレイ

시샤모 _{シシャモ} シシャモ

홍살치 _{ホンサルチ} キンキ

우럭 _{ウロク} ソイ

빙어 _{ピンオ} ワカサギ

北海道の花
홋카이도의 꽃

北海道で見られる代表的な花を紹介します。
홋카이도에서 볼 수 있는 대표적인 꽃을 소개할게요.

ウンバンウルッコッ
은방울꽃
スズラン

テュルリプ
튤립
チューリップ

チェビッコッ
제비꽃
スミレ

ライルラク
라일락
ライラック

チンダルレ　チョルッチュク
진달래／철쭉
ツツジ

ラベンド
라벤더
ラベンダー

ヘバラギ
해바라기
ヒマワリ

メファ
매화
ウメ

ヘダンファ
해당화
ハマナス

バカ
박하
ハッカ

北海道の野生動物
홋카이도의 야생동물

北海道に生息する野生動物を紹介します。
홋카이도에서 서식하는 야생동물을 소개할게요.

섬올빼미
ソモルッペミ

シマフクロウ

큰곰
クンゴム

ヒグマ

바다표범
パダピョボム

アザラシ

북방여우
ブッパンヨウ

キタキツネ

두루미
トゥルミ

タンチョウ

섬오목눈이
ソモモンヌニ

シマエナガ

참수리
チャムスリ

オオワシ

에조 다람쥐
エゾ　ダラムジュィ

エゾリス

에조 우는토끼
エゾ　ウヌントッキ

エゾナキウサギ

에조 사슴
エゾ　サスム

エゾシカ

イラストで学ぶ！韓国語

ピクニック
피크닉

ナビ **나비** チョウ	ペナン **배낭** リュック	ミルッチムモジャ **밀짚모자** 麦わら帽子	チャジョンゴ **자전거** 自転車

076

センドゥウィッチ **샌드위치** サンドウィッチ	トシラク **도시락** 弁当	ムルトン **물통** 水筒

ギタ **기타** ギター		ナムチョッカラク **나무젓가락** 割り箸

ムノ ビエンナ
문어 비엔나
たこさんウインナー

タルギャルマリ ケランマリ
달걀말이 ／ 계란말이
卵焼き

サムガッキムッパプ チュモッパプ
삼각김밥 ／ 주먹밥
おにぎり

トッチャリ **돗자리** しきもの	チョンイチョプシ **종이접시** 紙皿	チョンイコプ **종이컵** 紙コップ

クドゥ **구두** くつ	ムルティシュ **물티슈** ウエットティッシュ	ムルスゴン **물수건** おしぼり

北海道弁
홋카이도 사투리

道民がよく使う北海道弁を紹介します。
홋카이도 사람들이 자주 쓰는 홋카이도 사투리를 소개할게요.

北海道弁	意味	使い方
なまら **나마라**	とても／すごく **정말**	ここのジンギスカンは、なまらうまい！ **여기 징기스칸은 정말(나마라) 맛있어!**
めんこい **멘코이**	かわいい **귀엽다**	最近生まれた孫がめんこくてしょうがない。 **최근에 태어난 손주가 귀여워서(멘코쿠테) 참을 수 없어.**
しゃっこい **샷코이**	冷たい **차갑다**	この水、しゃっこくておいしい。 **이 물, 차가워서(샷코쿠테) 맛있어.**
こわい **코와이**	疲れた **피곤하다**	昨日久しぶりに全力で走ったから、すごくこわい。 **어제 오랜만에 힘껏 뛰었더니, 정말 피곤해(코와이).**
わや **와야**	ひどい **심하다**	今年の雪はわやだ。 **올해 눈은 심해(와야다).**
おっかない **옷카나이**	恐ろしい／怖い **무섭다**	夜に暗い道を一人で歩くのはおっかない。 **밤에 어두운 길을 혼자서 걷는 것은 무서워(옷카나이).**
うるかす **우루카스**	水につけておく **물에 담그다**	食べ終わった茶碗はうるかしておいて。 **다 먹은 밥그릇은 물에 담가(우루카시테) 놔.**
なんもなんも **난모난모**	気にしないで **신경 쓰지마**	Aさん：いつもおごってくれてありがとうございます。 **늘 사 주셔서 감사합니다.** Bさん：なんもなんも。 **신경 쓰지마(난모난모).**
したっけ **시탓케**	① そうしたら **그랬더니**	① 朝寝坊して走ってたの。したっけ、転んじゃった。 **늦잠 자서 뛰었어. 그랬더니(시탓케), 넘어졌어.**
	② バイバイ **안녕**	② したっけ、またね！ **안녕(시탓케), 또 봐!**

Phrase 15 　空港・機内で

[機内]

客

1. 담요 좀 주시겠어요?
タムニョ　ジョム　ジュシゲッソヨ

毛布をいただけますか?

➡ **이어폰** イヤホン
　 イオポン

客室乗務員

네, 여기 있습니다.
ネ　ヨギ　イッスムニダ

はい、どうぞ。

客室乗務員

2. 기내식은 뭘로 드릴까요?
キネシグン　ムォルロ　ドゥリルッカヨ

機内食は何になさいますか?

➡ **음료** 飲み物
　 ウムニョ

➡ **생선** 魚／**커피** コーヒー／**콜라** コーラ／**사과주스** アップルジュース
　 センソン　　　 コピ　　　　　　　 コルラ　　　　　　 サグァジュス

客

소고기 주세요.
ソゴギ　ジュセヨ

牛肉にします。

客室乗務員

**3. 입국신고서와 세관신고서를
　 작성해 주세요.**
イッククシンゴソワ　セグァンシンゴソルル
チャクソンヘ　ジュセヨ

入国申告書と税関申告書を
作成してください。

客

볼펜 빌릴 수 있어요?
ボルペン　ピルリル　ッス　イッソヨ

ボールペンをお借りできますか?

[チェックインカウンター]

1. 여권하고 티켓 좀 보여 주세요.
ヨックォナゴ　ティケッ　チョム　ポヨ　ジュセヨ

パスポートとチケットを見せてください。

---

2. 짐은 이쪽에 놔 주세요.
チムン　イッチョゲ　ヌァ　ジュセヨ

荷物はこちらに置いてください。

ワンポイント　❶신고서 申告書　❷여권 パスポート　❸짐 荷物　❹이쪽 こちら (그쪽 そちら／저쪽 あちら)

4. 도와 드리겠습니다.

トワ　ドゥリゲッスムニダ

お手伝いいたします。

---

5. 좌석벨트를 매 주십시오.

チャソッベルトゥルル　メ　ジュシプシオ

シートベルトをお締めください。

---

6. 전 좌석 금연입니다.

チョン　ジャソッ　クミョニムニダ

全席禁煙です。

👉 ^{クミョン}금연 禁煙 ／ ^{フビョン}흡연 喫煙

---

7. 휴대전화 전원은 꺼 주시거나 비행기 모드로 해 주십시오.

ヒュデチョヌァ　チョヌォヌン　ッコ　ジュシゴナ　ピヘンギ　モドゥロ　ヘ　ジュシプシオ

携帯電話の電源はお切りいただくか、機内モードにしてください。

👉 진동 모드 マナーモード ／ 무음 모드 消音モード

---

8. 좌석 등받이와 테이블을 제자리로 해 주십시오.

チャソッ　ドゥンバジワ　テイブルル　チェジャリロ　ヘ　ジュシプシオ

座席の背もたれとテーブルを元の位置に戻してください。

---

3. 깨지는 물건이나 귀중품이 들어 있어요?

ッケジヌン　ムルゴニナ　クィジュンプミ　トゥロ　イッソヨ

割れ物や貴重品は入っていますか？

---

4. 출발 30분 전까지 탑승구에 와 주시기 바랍니다.

チュルバル　サムシップン　チョンッカジ　タプスングエ　ワ　ジュシギ　パラムニダ

ご出発の 30 分前までに搭乗口にお越しください。

北海道の基礎知識

空港
공항

北海道には12の空港があります。車だと移動に1日かかってしまう距離でも、飛行機を使えばあっという間！

홋카이도에는 열두 개의 공항이 있어요. 차라면 이동으로 하루가 걸리고 마는 거리라도 비행기를 이용하면 눈 깜짝할 사이!

稚内空港
왓카나이공항

利尻空港
리시리공항

オホーツク紋別空港
오호쓰크몬베쓰공항

女満別空港
메만베쓰공항

旭川空港
아사히카와공항

札幌丘珠空港
삿포로오카다마공항

根室中標津空港
네무로나카시베쓰공항

新千歳空港
신치토세공항

たんちょう釧路空港
단초쿠시로공항

奥尻空港
오쿠시리공항

とかち帯広空港
도카치오비히로공항

函館空港
하코다테공항

空港には北海道の魅力が
ギュッと詰まっているよ！
공항에는 홋카이도의
매력이 꽉 차 있어요!

Pick up!

新千歳空港 **신치토세공항**

北海道を訪れる韓国人観光客がまず最初に降り立つのが新千歳空港。北海道の空の玄関口としてはもちろん、グルメや映画館などの娯楽施設も充実しており、一日中いても飽きない観光スポットです（次ページ）。札幌駅へはJR快速「エアポート」で約37分。

홋카이도를 방문하는 한국인 관광객이 가장 먼저 내려서는 곳이 신치토세공항. 홋카이도의 하늘 현관문의 역할은 물론이고 맛있는 음식이나 영화관 등의 오락시설도 잘 갖춰져 있어서 하루 종일 있어도 질리지 않는 관광지예요. 삿포로역까지는 제이알 쾌속 '에어포트'로 약 삼십칠 분.

ワンポイント ❶(時間が)걸리다／(お金が)들다 かかる ❷현관문 玄関口 ❸오락시설 娯楽施設 ❹하루 종일 一日中 ❺질리다 飽きる

新千歳空港には、道産食材をふんだんに使った料理が楽しめる飲食店が数多く立ち並びます。中でも酪農王国・北海道を象徴するソフトクリームは全部で100種類以上！ どれにするか悩むのも楽しいですね。

신치토세공항에는 홋카이도 지역 식자재를 풍족하게 사용한 요리를 즐길 수 있는 음식점이 수많이 늘어서 있어요. 그중에서도 낙농 왕국・홋카이도를 상징하는 소프트크림은 전부 백 종류 이상! 어떤 것으로 할지 고민하는 것도 즐거워요.

数多く並ぶ土産店には空港限定商品も多く、中でも「美瑛選果」が販売する「びえいのコーンぱん」は行列ができるほどの人気。水や砂糖は一切使わず、コーンの水分と甘みだけで焼き上げています。

수많이 늘어서 있는 선물 가게에는 공항 한정 상품도 많고, 그중에서도 '비에이센카'가 판매하는 '비에이 옥수수빵'은 줄을 설 정도의 인기. 물이나 설탕은 일절 사용하지 않고, 옥수수의 수분과 단맛만으로 구웠어요.

食べる
먹고

買う
사고

新千歳空港で

楽しむ
즐기고

くつろぐ
쉬고

Royce' Chocolate World

ロイズ
チョコレートワールド
로이스초콜릿 월드

びえいのコーンぱん
美瑛選果

【空港限定】
びえいのコーンぱん
비에이 옥수수빵

新千歳空港温泉
신치토세공항 온천

北海道発のチョコレートメーカー「ロイズ」は韓国でも大人気。そのロイズが作ったチョコレートの世界を楽しめる施設が空港内にあります。チョコレートの歴史を学べるミュージアムや工場見学など、空港であることを忘れてしまうひと時が過ごせます。

홋카이도에서 탄생한 초콜릿 제조사 '로이스'는 한국에서도 큰 인기예요. 그 로이스가 만든 초콜릿의 세계를 즐길 수 있는 시설이 공항 안에 있어요. 초콜릿의 역사를 배울 수 있는 박물관이나 공장 견학 등, 공항임을 잊어버리고 마는 한때를 보낼 수 있어요.

空港内に温泉があるというのも魅力の一つ。露天風呂やサウナ、エステなども充実しています。フライト情報が確認できるモニターがついたリクライニングソファは空港ならでは。旅の前後はもちろん、ここだけを目当てに訪れる人もいるほどです。

공항 안에 온천이 있다는 것도 매력의 하나. 노천탕이나 사우나, 에스테틱 등도 잘 갖춰져 있어요. 비행 정보를 확인할 수 있는 모니터가 붙어 있는 리클라이너 소파는 공항다운 포인트. 여행 전후는 물론이고 여기만을 목적으로 방문하는 사람도 있을 정도예요.

❻낙농 酪農　❼종류 種類　❽일절 一切　❾한때 ひと時　❿보내다 過ごす　⓫목적 目当て, 目的

イラストで学ぶ！韓国語

空港・機内
공항・기내

パスポート
ヨックォン
여권

チェックイン
チェクイン
체크인

グランドスタッフ
チサンジク スンムウォン
지상직 승무원

飛行機
ピヘンギ
비행기

検疫
コミョク
검역

スーツケース
ケリオ
캐리어

トレー
トゥレイ
트레이

両替所
ファンジョンソ
환전소

保安検査
ボアンゴムサ
보안검사

電子機器
チョンジャギギ
전자기기

金属探知機
クムソクタムジギ
금속탐지기

航空会社
ハンゴンフェサ
항공회사

便名
ピョンミョン
편명

行先
モッチョッチ
목적지

定刻
チョンガク
정각

搭乗券
タプスンックォン
탑승권

案内版
アンネパン
안내판

変更
ピョンギョン
변경

備考
ビゴ
비고

遅延
チヨン
지연

欠航
キョラン
결항

搭乗口
タプスング
탑승구

免税品
ミョンセプム
면세품

ご搭乗いただき誠にありがとうございます。
タプスンヘ ジュショソ カムサハムニダ
탑승해 주셔서 감사합니다.

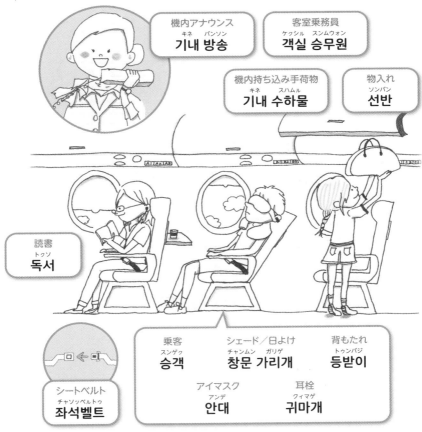

機内アナウンス
キネ バンソン
기내 방송

客室乗務員
ケクシル スンムウォン
객실 승무원

機内持ち込み手荷物
キネ スハムル
기내 수하물

物入れ
ソンバン
선반

読書
トクソ
독서

乗客
スンゲク
승객

シェード／日よけ
チャンムン ガリゲ
창문 가리개

背もたれ
トゥンバジ
등받이

シートベルト
チャソッベルトゥ
좌석벨트

アイマスク
アンデ
안대

耳栓
クィマゲ
귀마개

083

単語帳

国内線	国際線	出発便	到着便	入国審査カード
クンネソン	クッチェソン	チュルバルピョン	トチャクピョン	イックッシムサカドゥ
국내선	**국제선**	**출발편**	**도착편**	**입국심사카드**
離陸	着陸	入国	出国	税関申告書
イリュク	チャンニュク	イックク	チュルグク	セグァンシンゴソ
이륙	**착륙**	**입국**	**출국**	**세관신고서**
搭乗手続き	発券	座席指定	空席	指紋登録
タプスンスソク	バルクォン	チャソッジジョン	コンソク ビンジャリ	チムンドゥンノク
탑승수속	**발권**	**좌석지정**	**공석／빈자리**	**지문등록**
ビザ	乗り継ぎ	直行便	機内サービス	ラウンジ
ビジャ	ファンスン	チカンピョン	キネソビス	ラウンジ
비자	**환승**	**직항편**	**기내서비스**	**라운지**

空港
공항

仁川国際空港
인천국제공항

韓国の空の玄関口。2001年に開港して以来、ソウルにある金浦国際空港（김포국제공항）を発着していた国際線のほぼ全てが移転しました。第1旅客ターミナルと第2旅客ターミナルがあり、第2旅客ターミナルは18年開催の平昌オリンピックにあわせて開業しました。

公共交通
대중교통

イベント
이벤트

リムジンバス
리무진 버스

到着ロビーを出てすぐにバス停があります。事前に乗り場を調べておいた方がいいでしょう。ソウル、仁川、京畿など地方へ行くバスがたくさん待っているので間違えないように。バス料金は事前にチケットを購入するか、現金払いも可能です。

空港鉄道
공항철도

ソウル市内と空港を結ぶ鉄道。ソウル駅までノンストップで運行する直通列車と、各駅停車の一般列車の2種類があります。

空港守門将交代式
공항 수문장 교대식

守門将とは朝鮮時代に王宮の門を守った武官のこと。ソウルの古宮・景福宮では有名な文化行事ですね。武術示範など多彩なパフォーマンスを備えた守門軍の行列により、勇壮な守門将交代式を空港でも楽しむことができます。

王家の散策
왕가의 산책

朝鮮時代の王室の日常を再現するイベントで、かつての王と王妃に会うことができます。散策後のフォトタイムでは記念写真を撮ることも可能。時代劇でおなじみの王家の姿を実際に見るチャンスです。

国楽常設公演
국악상설공연

韓国伝統の国楽公演を一年中鑑賞できるプログラム。民俗音楽、フュージョンなどの公演を毎日行っています。

生演奏
버스킹 공연

出国ゲート付近では、クラシックやジャズなど、さまざまなジャンルの音楽を生演奏で提供しています。

> **トランジットを楽しもう！**
>
> アジアのハブ空港としても有名な仁川国際空港。海外旅行の経由地としても多くの人が利用します。仁川国際空港では、乗り継ぎ客専用のサービス施設として24時間運営している無料インターネットゾーン、各航空会社のラウンジ、無料シャワー室、仮眠室、携帯電話の充電器があるリラックスゾーンなど便利な施設が多数。体力に自信のある方は、トランジットの時間を利用して、韓国の街に出掛けてみましょう！

 2時間コース

新都市と伝統を感じる

空港 〉 松島韓屋村 (송도 한옥마을) 〉 トリプルストリート (트리플스트리트) 〉 空港

松島 (송도) は仁川市内にあり、空港からのアクセスも良好。超高層ビルが立ち並ぶ都市でありながら、伝統的な美しさも持っています。松島韓屋村は韓国の伝統家屋を感じられるレストラン街。トリプルストリートは食や文化などを提供する大型ショッピングモールです。

 5時間コース

伝統的な雰囲気を堪能

空港 〉 景福宮 (경복궁) または 昌徳宮 (창덕궁) 〉 仁寺洞 (인사동) 〉 空港

景福宮はソウルにある朝鮮時代の最初の王宮で、昌徳宮は創建時の姿を最もよくとどめている宮殿です。二つの宮殿の間にある仁寺洞には画廊、伝統工芸品店、古美術店、伝統茶屋、伝統料理店、カフェなどが集まっています。

 5時間コース

ショッピングを楽しむ

空港 〉 明洞 (명동) 〉 南大門市場 (남대문시장) 〉 空港

明洞は韓国で最も有名なショッピングエリアの一つで、ソウル最大の繁華街。免税店があるデパートや、コスパ最高のロードショップも立ち並びます。南大門市場は600年以上の歴史を持つ韓国の代表的な屋外市場。1万軒以上のお店がひしめき合い、多彩な品ぞろえを誇ります。

韓国の国際・国内線空港
한국의 국제・국내선 공항

仁川国際空港の他にも、韓国と日本を結ぶ直行便が就航している空港が多数あります。

⊕国際線 국제선
⊕国内線 국내선

仁川 인천 ⊕
金浦 김포 ⊕
清州 청주 ⊕
群山 군산 ⊕
光州 광주 ⊕
務安 무안 ⊕
済州 제주 ⊕
襄陽 양양 ⊕
原州 원주 ⊕
浦項慶州 포항경주 ⊕
蔚山 울산 ⊕
大邱 대구 ⊕
金海 김해 ⊕
麗水 여수 ⊕
泗川 사천 ⊕

鉄道・バス・タクシー

客

スタッフ

1. JR 기차표는 어디서 사요?

ジェイアル　キチャピョヌン
オディソ　サヨ

JR 乗車券はどこで買えますか？

저기 자동 발권기에서
구입 가능해요.

チョギ　チャドン　バルックォンギエソ
クイッ　カヌンヘヨ

あそこの自動券売機で購入できます。

客

スタッフ

**2. 오타루에 가는 버스는
몇 번 정류장이에요?**

オタルエ　カヌン　ポスヌン　ミョッ　ポン
チョンニュジャンイエヨ

小樽に行くバスは何番乗り場ですか？

1번 정류장이에요.

イルボン　チョンニュジャンイエヨ

1番乗り場です。

客

スタッフ

**3. 테레비 타워에 가려면
어디서 내려요?**

テレビ　タウォエ　カリョミョン
オディソ　ネリョヨ

テレビ塔に行くにはどこで
降りればいいですか？

오도리역에서 내리세요.

オドリヨゲソ　ネリセヨ

大通駅で降りてください。

客

運転手

**4. 다음 사거리에서 오른쪽으로
꺾어 주세요.**

タウム　サゴリエソ　オルンッチョグロ
ッコッコ　ジュセヨ

次の交差点を右に曲がってください。

네, 알겠습니다.

ネ　アルゲッスムニダ

はい、かしこまりました。

 우회전 右折 ／ **좌회전** 左折

---

❶몇 번 何番　❷정류장 停留所　❸내리다 降りる(⇔타다 乗る)　❹~(으)세요 ~してください(丁寧な命令)

5. **키타카는 홋카이도에서 많이 사용하는 교통카드예요.**
   キタカヌン　ホッカイドエソ　マニ　サヨンハヌン　キョトンカドゥエヨ

   「Kitaca」は北海道でよく使われている IC カードです。

---

6. **충전은 JR, 지하철역이나 버스 안에서 할 수 있어요.**
   チュンジョヌン　ジェイアル　チハチョルリョギナ　ポス　アネソ　ハル　ッス　イッソヨ

   チャージは JR、地下鉄の駅やバスの中でできます。

   ☞ チャージと充電はどちらも「充電（チュンジョン）」です。

---

7. **홋카이도신궁에 갈 때는 오도리역에서 갈아타야 돼요.**
   ホッカイドシングンエ　カル　ッテヌン　オドリヨゲソ　カラタヤ　ドェヨ

   北海道神宮に行くには大通駅で乗り換えなければなりません。

---

8. **버스요금은 거스름돈이 나오지 않게 내야 돼요.**
   ポスヨグムン　コスルムットニ　ナオジ　アンケ　ネヤ　ドェヨ

   バス料金はお釣りが出ないように払わなければなりません。

---

9. **가까운 역까지 걸어서 5분 정도예요.**
   カッカウン　ヨッカジ　コロソ　オブン　チョンドエヨ

   最寄り駅まで歩いて 5 分くらいです。

---

10. **막차는 24시예요.**
    マクチャヌン　イシブサシエヨ

    最終列車は 24 時です。

    ☞ 첫차（チョッチャ）　始発列車

---

11. **지하철이 도착할 때 나오는 멜로디는 '무지개와 눈의 발라드'예요.**
    チハチョリ　トチャカル　ッテ　ナオヌン　メルロディヌン　ムジゲワ　ヌネ　パルラドゥエヨ

    地下鉄が到着する時に流れるメロディーは「虹と雪のバラード」です。

「虹と雪のバラード」とは？　韓国語で説明しよう！

1972년 2월에 개최된 삿포로 올림픽 테마송이에요. 2019년부터 지하철 역 멜로디로 일부 역에서 사용되고 있어요. 삿포로에 올림픽, 패럴림픽 유치를 기원하는 의미로 도입됐어요.

1972年2月に開催された札幌オリンピックのテーマソングです。2019年から市営地下鉄の駅メロとして一部の駅で使われています。札幌へのオリンピック・パラリンピック招致を願う意味を込めて導入されました。

---

❺갈아타다 乗り換える　❻～아/어야 돼요 ～しなければなりません(義務)　❼거스름돈 お釣り　❽가까운 역 最寄り駅

札幌の地下鉄路線図
삿포로의 지하철 노선도

N 06 **H 07** さっぽろ駅
삿포로역

北海道庁日本庁舎
홋카이도청 구 본청사

南北線
난보쿠선

T 03
琴似駅周辺には、韓国スーパーがたくさんあります。故郷の味が恋しくなっている韓国人がいたら、教えてあげると喜ばれるかも!?

고토니역 주변에는 한국 마트가 많이 있어요. 고향의 맛을 그리워하는 한국인에게 알려주면 기뻐할지도!?

JRタワー
展望室 T38
JR타워
전망실 T38

北海道大学
홋카이도대학

東西線
도자이선

T 01 宮の沢
미야노사와

T 02 発寒南
핫사무미나미

T 03 琴似
고토니

T 04 二十四軒
니주욘켄

T 05 西28丁目
니시니주핫초메

T 06 **T 07** **T 08**

円山公園
마루야마코엔

N 01 麻生
아사부

N 02 北34条
기타산주요조

N 03 北24条
기타니주요조

N 04 北18条
기타주하치조

N 05 北12条
기타주니조

N 06 西11丁目
니시주잇초메

西18丁目
니시주핫초메

N 07 **T 09**

N 08 すすきの
스스키노

N 09 中島公園
나카지마코엔

N 10 幌平橋
호로히라바시

N 11 中の島
나카노시마

T 01 白い恋人パーク
시로이코이비토 파크

T 04 札幌市中央卸売市場 場外市場
삿포로시 중앙도매시장 장외시장

T 06 北海道神宮
홋카이도신궁

T 06 札幌市円山動物園
삿포로시 마루야마 동물원

N 09 札幌コンサートホール Kitara
삿포로 콘서트홀 키타라

N 09 豊平館
호헤이칸

国指定
重要文化財

真駒内
마코마나이

自衛隊前
지에이타이마에

N 16 **N 15** **N 14** **N 13** **N 12**

澄川
스미카와

南平岸
미나미히라기시

平岸
히라기시

南北線 MEMO

▶札幌で初めて生まれた地下鉄
삿포로에서 처음 생긴 지하철

▶札幌で唯一地上を走る区間がある
삿포로에서 유일하게 지상으로 달리는 구간이 있어요.

N 16
真駒内セキスイハイム
アイスアリーナ
마코마나이 세키스이하임
아이스아레나

N 16 札幌芸術の森
삿포로 예술의 숲

真駒内駅から
バスで約15分

H01 つどーむ
鶯 つどーむ

H04 モエレ沼公園
モ에레누마공원

環状通東駅から
バスで約25分

H05 サッポロビール博物館
삿포로맥주 박물관

東豊線
道号線

東豊線 MEMO

▶3路線の中で一番新しい
세 노선 중에서 가장 최근에
생겼어요.

▶一部南北線と並行する区間がある
일부 난보쿠선과 병행하는
구간이 있어요.

東西線 MEMO

▶東西線はさっぽろ駅に止まらないため注意
도자이선은 삿포로역에
서지 않으니까 주의하세요.

▶「さっぽろ駅」と「新さっぽろ駅」は全く違う駅
'삿포로역'과 '신삿포로역'은
전혀 다른 역

N07 T09 H08 大通駅
オドーリ역

札幌市時計台
삿포로시 시계탑

大通公園
오도리공원

さっぽろテレビ塔
삿포로 TV탑
(테레비 타워)

北13条東
기타주산조히가시

H01 栄町
사카에마치

H02 新道東
신도히가시

H03 元町
모토마치

H04 環状通東
간조도리히가시

H06 H05

東区役所前
히가시쿠야쿠쇼마에

さっぽろ H07
삿포로

バスセンター前
바스센타마에

東札幌
히가시삿포로

白石
시로이시

大通 H08
오도리

T10 T11 T12 T13

菊水
기쿠스이

南郷7丁目
난고나나초메

T14

南郷13丁目
난고주산초메

T15

南郷18丁目
난고주핫초메

T16

大谷地
오야치

T17

ひばりが丘
히바리가오카

T18

新さっぽろ
신삿포로

T19

H09

豊水すすきの
호스이스스키노

学園前
가쿠엔마에
H10

豊平公園
도요히라코엔
H11

H09 二条市場
니조시장

美園
미소노
H12

月寒中央
쓰키사무추오
H13

福住
후쿠즈미
H14

089

T10 サッポロファクトリー
삿포로팩토리

T19 サンピアザ水族館
산피아자 수족관

T19 札幌市青少年科学館
삿포로시 청소년과학관

T19 北海道開拓の村
홋카이도 개척촌

H11 北海きたえーる
홋카이 기타에루

H14 札幌ドーム
삿포로돔

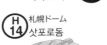
H14 さっぽろ羊ヶ丘展望台
삿포로 히쓰지가오카 전망대

福住駅から
バスで約10分

新さっぽろ駅から
バスで約20分

交通
교통

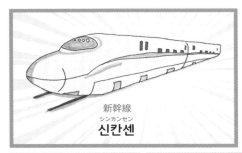

新幹線
シンカンセン
신칸센

地下鉄
チハチョル
지하철

路面電車
ノミョンジョンチャ
노면전차

モノレール
モノレイル
모노레일

バス
ボス
버스

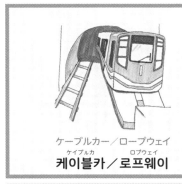

ケーブルカー／ロープウェイ
ケイブルカ　　ロブウェイ
케이블카／로프웨이

フェリー／船
ペリ　　ペ
페리／배

タクシー
テッシ
택시

車
チャ
차

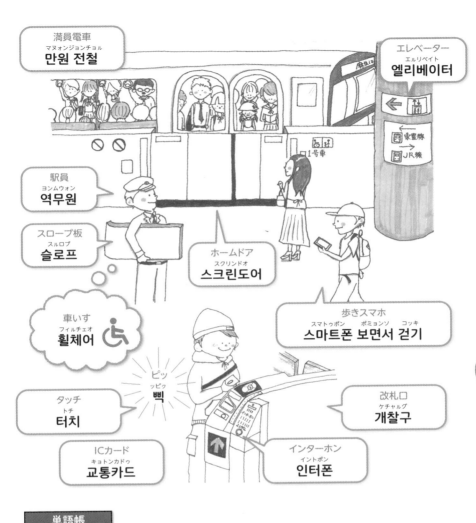

満員電車
マヌォンジョンチョル
만원 전철

エレベーター
エルリベイト
엘리베이터

駅員
ヨンムウォン
역무원

スロープ板
スルロプ
슬로프

ホームドア
スクリンドオ
스크린도어

車いす
フィルチェオ
휠체어

歩きスマホ
スマトゥポン　ポミョンソ　コッキ
스마트폰 보면서 걷기

タッチ
トチ
터치

ピッ
ッピク
삑

改札口
ケチャルグ
개찰구

ICカード
キョトンカドゥ
교통카드

インターホン
イントポン
인터폰

単語帳				
免許証 ミョノッチュン 면허증	レンタカー レントカ 렌터카	ガソリンスタンド チュユソ 주유소	サービスエリア ヒュゲソ 휴게소	渋滞 チョンチェ 정체
高速道路 コソットロ 고속도로	自由席 チャユソク 자유석	指定席 チジョンソク 지정석	満席 マンソク 만석	売り切れ メジン 매진
キャンセル待ち イェヤク チュイソ デギ 예약 취소 대기	優先席 キョトンヤッチャソク 교통약자석	運賃 ウニム 운임	定期券 チョンギックォン 정기권	出口 チュルグ 출구
待合室 テハプシル 대합실	停留所 チョンニュジャン 정류장	運転手 ウンジョンス 운전수	片道 ピョンド 편도	往復 ワンボク 왕복

鉄道・バス・タクシー
철도·버스·택시

鉄道
철도

KTX **케이티엑스** ケイティエクス

韓国高速鉄道、通称KTX。2004年に運行を開始し、釜山（부산）をはじめ、大邱（대구）、全州（전주）、慶州（경주）、江陵（강릉）など韓国の主要都市を結びます。韓国の新幹線とも呼ばれ、ソウルから釜山までを約2時間半で結びます。

SRT **에스알티** エスアルティ

2016年開通。ソウル南東部の水西（수서）から釜山までを約2時間半、光州（광주）までを約1時間40分で結び、「第2のKTX」とも。一部区間はKTXと同じ高速線を利用しています。

ITX-セマウル号 **아이티엑스 새마을호** アイティエクス セマウロ

1969年の運行開始以来、KTXの登場までは韓国を代表する急行列車といえばセマウル号でした。それをアップグレードしたのがITX-セマウル号です。KTXより速度は遅いですが、運賃が安く、快適な設備が整っています。

ムグンファ号 **무궁화호** ムグンファホ

韓国で一番運賃が安い列車。停車駅が多いため、目的地到着までに時間はかかりますが、小さな町へ行きたい時や時間に余裕のある旅行にはオススメです。

Pick up!

韓国語でチケットを買ってみよう！

☛ 列車のチケットを購入する時（すぐに出発したい場合）

장소	**까지 가고 싶은데요, 가장 빠른 기차는 몇 시예요?**
場所	まで行きたいのですが、一番早く出発する列車は何時ですか？

ッカジ カゴ シブンデヨ, カジャン ッパルン キチャヌン ミョッ シエヨ?

☛ 何人か聞かれた時　**어른 하나예요.** オルン ハナエヨ
　　　　　　　　　　　大人1人です。　　　☛ **어린이** 子供 オリニ

☛ 席を選ぶ時　**창가 자리로 주세요.** チャンッカ ジャリロ ジュセヨ
　　　　　　　窓側の席にしてください。　☛ **복도** 通路 ポット

☛ 値段を聞く時　**얼마예요?** オルマエヨ?
　　　　　　　　いくらですか？

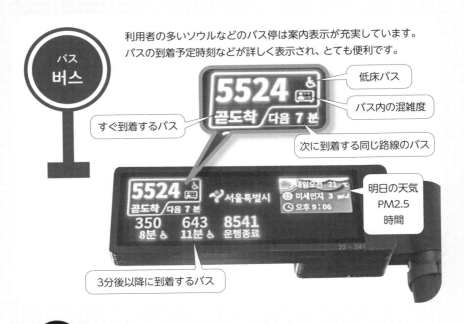

利用者の多いソウルなどのバス停は案内表示が充実しています。
バスの到着予定時刻などが詳しく表示され、とても便利です。

バス
버스

低床バス

バス内の混雑度

すぐ到着するバス

次に到着する同じ路線のバス

明日の天気
PM2.5
時間

3分後以降に到着するバス

Pick up!

暑さ寒さにひと工夫

●夏にはバス停にクーリング・フォグ
　(Cooling Fog、細霧冷房)を導入。
　細かい霧を発生させて気温を2〜3度
　下げる効果があり、歩道にも設置され
　ているところがあります。そのほか、
　クーラー代わりになる冷温ベンチや、
　横断歩道前には日よけパラソルも。

●寒い冬には温熱ベンチが登場。韓国伝統の暖房「オンドル (온돌)」にちなみ、「オン
　ドルいす (온돌 의자)」とも呼ばれています。防寒用のテントを設置しているバス停
　も。暑さ寒さが厳しいソウルでは、こうした工夫が随所で見られます。

タクシー
택시

韓国のタクシーは日本と比べて料金が大幅に安く、日常生活で
も頻繁に使われる移動手段です。大きく「一般タクシー (일반택
시)」と「模範タクシー (모범택시)」に分けられ、模範タクシー
のほうが質が高く料金は割高。また、韓国は手動ドアのため、乗
降時のドアの開閉は自分でします。空車の見分け方はフロントガ
ラスの「빈차 (空車)」の文字。最近はタクシーの予約も可能で、
「예약(予約)」の文字がついていることも。

Phrase 17　ホテルで

スタッフ

1. 안녕하십니까?

アンニョンハシムニッカ

ようこそお越しくださいました。

客

예약한 다나카인데요, 체크인 부탁합니다.

イェヤカン　タナカインデヨ
チェクイン　プタカムニダ

予約した田中です。
チェックインお願いします。

スタッフ

2. 결제는 어떻게 하시겠어요?

キョルッチェヌン　オットケ　ハシゲッソヨ

お支払い方法はどうなさいますか?

客

현금으로 할게요.

ヒョングムロ　ハルッケヨ

現金でお願いします。

➡ **전자화폐** チョンジャファペ 電子マネー ／ **신용카드** シニョンカドゥ クレジットカード

客

3. 짐 맡길 수 있어요?

チム　マッキル　ッス　イッソヨ

荷物を預かっていただけますか?

➡ **유모차** ユモチャ ／ **유아차** ユアチャ ベビーカー

---

4. 충전기 빌릴 수 있어요?

チュンジョンギ　ピルリル　ッス　イッソヨ

充電器の貸し出しはありますか?

➡ **변압기** ビョナッキ 変換プラグ ／ **휠체어** フィルチェオ 車椅子 ／ **우산** ウサン 傘

---

5. 방 청소 부탁합니다.

パン　チョンソ　プタカムニダ

部屋の清掃をお願いします。

---

6. 근처에 맛집 있어요?

クンチョエ　マッチ　ビッソヨ

近くにおいしい店はありますか?

ワンポイント　❶예약하다 予約する　❷결제 支払い　❸맡기다 預ける　❹청소 掃除　❺맛집 おいしい店

7. 체크인은 오후 세 시부터입니다.

チェクイヌン　オフ　セ　シブトイムニダ

チェックインは午後3時からです。

➡ 체크아웃 チェックアウト / ~까지 ~まで

➡ 時間に関する表現はP142-143をチェック!

8. 여권을 복사해도 됩니까?

ヨックォヌル　ポクサヘド　ドェムニッカ

パスポートのコピーを取らせていただいてもよろしいでしょうか?

➡ もしお客さんから理由を求められたときは「**여권 복사가 의무화돼 있습니다.**
(パスポートのコピーが義務付けられています)」と説明しましょう。

9. 조식이 포함돼 있습니다.

チョシギ　ポハムドェ　イッスムニダ

朝食付きです。

➡ 중식 昼食 / 석식 夕食 / 브런치 ブランチ

10. 와이파이는 건물 전체에서 이용 가능합니다.

ワイパイヌン　コンムル　チョンチェエソ　イヨン　カヌンハムニダ

Wi-Fi は全館でご利用いただけます。

11. 방에 와이파이 비밀번호가 적힌 종이가 있습니다.

パンエ　ワイパイ　ピミルボノガ　チョキン　チョンイガ　イッスムニダ

客室に Wi-Fi のパスワードが書かれた紙があります。

12. 203호실 열쇠입니다. 좋은 시간 보내십시오.

イベクサモシル　ヨルッスェイムニダ　チョウン　シガン　ポネシプシオ

203 号室の鍵です。良い時間をお過ごしください。

13. 궁금한 점이 있으시면 프런트로 전화 주십시오.

クングマン　ジョミ　イッスシミョン　プロントゥロ　チョヌァ　ジュシプシオ

気になる点がございましたらフロントまでお電話ください。

❻포함되다 含まれる ❼적히다 書かれる ❽호실 号室 ❾궁금하다 気になる ❿~(으)면 ~なら(仮定・条件)

温泉
온천

北海道の温泉地数は全国第1位。泉質も豊富で、雄大な景色に囲まれた露天風呂は格別です。

홋카이도의 온천지 숫자는 전국 제 일 위. 천질도 풍부하고 웅장한 풍경에 둘러싸인 노천탕은 특별해요.

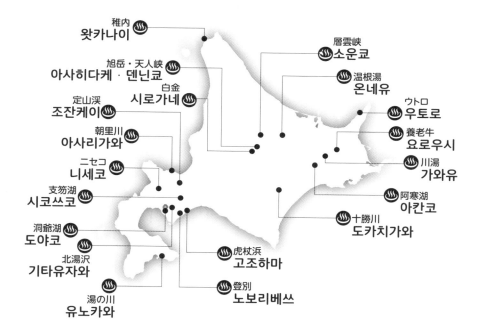

稚内
왓카나이

層雲峡
소운쿄

旭岳・天人峡
아사히다케 · 덴닌쿄

白金
시로가네

温根湯
온네유

定山渓
조잔케이

ウトロ
우토로

朝里川
아사리가와

養老牛
요로우시

ニセコ
니세코

川湯
가와유

支笏湖
시코쓰코

阿寒湖
아칸코

洞爺湖
도야코

十勝川
도카치가와

北湯沢
기타유자와

虎杖浜
고조하마

湯の川
유노카와

登別
노보리베쓰

温泉のマナー①

❖ 酒に酔っているときは入浴してはいけません
술을 먹고 탕에 들어가면 안돼요.

❖ シャワーを使うときは周囲に水しぶきがかからないようにしましょう
샤워를 할 때는 주위에 물보라가 끼지 않도록 합시다.

❖ 体に付いた水滴をタオルで拭いてから脱衣所へ
몸에 묻은 물기를 수건으로 닦고 나서 탈의실로 돌아갑시다.

ワンポイント ❶ ~(으)면 안돼요 ~してはいけません ❷ ~지 않도록 합시다 ~しないようにしましょう ❸ ~고 나서 ~してから、~した後に

人気温泉地を韓国語で紹介しよう
인기 있는 온천지를 한국어로 소개합시다

洞爺湖温泉
도야코 온천

1910年の噴火によって誕生したといわれる温泉地。保温効果に優れた湯で、湯上がりも体はポカポカ。湖畔には無料の足湯や手湯のある遊歩道があります。遊覧船やレンタルボート、夜には花火も楽しめます。

천구백십 년 분화에 의해 탄생했다고 전해지는 온천지. 보온 효과가 뛰어난 탕으로 목욕 후에도 몸은 따끈따끈. 호숫가에는 무료 족욕탕이나 수탕이 있는 산책로가 있어요. 유람선이나 렌털 보트, 밤에는 불꽃놀이를 즐길 수 있어요.

支笏湖と洞爺湖の間、長流川の渓流沿いに位置する北湯沢温泉。化粧水のような柔らかい湯触りが特徴です。秋には紅葉スポットとしても人気。マイナスイオンが浴びられる「三階滝公園」もすぐ近くです。

시코쓰코와 도야코 사이, 오사루 강의 계류변에 위치한 기타유자와 온천. 화장품 스킨처럼 부드러운 물의 촉감이 특징이에요. 가을에는 단풍 명소로도 인기가 있어요. 마이너스 이온을 뒤집어쓸 수 있는 '산가이타키공원'도 바로 근처예요.

北湯沢温泉
기타유자와 온천

十勝川温泉
도카치가와 온천

植物性の有機物を多く含むモール温泉。世界的にも希少な泉質で、北海道遺産にも選定されています。保湿効果が高く、肌がすべすべになるため、「美人の湯」とも。やや茶色がかった湯色が特徴です。

식물성 유기물을 많이 포함한 모르(MOOR) 온천. 세계적으로도 희귀한 천질로 홋카이도 유산으로도 선정됐어요. 보습 효과가 높고 피부가 매끈매끈해져서 '미인의 탕'이라고도 불려요. 약간 갈색이 도는 탕 색이 특징이에요.

ニセコ町、蘭越町、倶知安町と広範囲にさまざまな泉質の温泉が点在していることから「ニセコ温泉郷」とも称されています。宿ごとに泉質が違うので、さまざまな湯を堪能したい人にぴったりの温泉です。

니세코초, 란코시초, 굿찬초와 같이 광범위하게 여러 천질의 온천이 산재해 있다고 해서 '니세코 온천향'이라고도 불려요. 숙소마다 천질이 달라서 여러 탕을 즐기고 싶은 사람에게 딱 맞는 온천이에요.

ニセコ温泉
니세코 온천

阿寒湖温泉
아칸코 온천

国の特別天然記念物マリモの群生地として知られる「阿寒湖」の南側に湧き出た温泉地。お湯は無臭・無色透明。肌への刺激も少なく、幅広い世代に愛される「万人の湯」とも呼ばれています。

국가 특별천연기념물인 마리모의 군락지로 알려진 '아칸코' 남쪽에 생긴 온천지. 물은 무취·무색투명. 피부에 자극도 적고, 폭넓은 세대에게 사랑받는 '만인의 탕'이라고도 불려요.

❹따끈따끈 ポカポカ　❺식물성 植物性　❻매끈매끈 すべすべ　❼딱 ぴったり　❽폭넓다 幅広い

温泉の入り方
온천 들어가는 법

1
貴重品はロッカーへ
귀중품은 로커에

脱衣所のカゴに荷物を置きます
탈의실에 있는 바구니에 물건을
넣어요.

2
水着はNG！
수영복은 안돼요!

服を脱ぎます
옷을 벗어요.

3

小さいタオルを持って浴場へ
작은 수건을 들고 목욕탕으로

4

湯舟に入る前にかけ湯をします
탕에 들어가기 전에 몸에 물을
끼얹어요.

5
湯舟にタオルを入れないで！
탕 안에 수건을 넣지 마세요!

湯舟に入って温泉を楽しみます
탕에 들어가서 온천을 즐겨요.

6

洗い場で髪・顔・体を洗いましょう
씻는 곳에서 머리·얼굴·몸을
씻어요.

7

脱衣所に戻る前に体を拭きます
탈의실로 돌아가기 전에 몸을
닦아요.

8

着替えましょう
갈아입어요.

お風呂上がりに飲むコーヒー
牛乳は最高！
온천 후에 마시는
커피 우유는 최고!

ワンポイント ❶탈의실 脱衣所 ❷바구니 カゴ ❸벗다 脱ぐ ❹씻다 洗う ❺닦다 拭く ❻～아/어요 ～しましょう（勧誘の意味もある）

❖髪の毛が湯につからないようヘアゴムなどでまとめましょう
**머리카락이 탕에 잠기지 않도록
머리끈 등으로 정리합시다.**

❖走ったり、泳いだりしてはいけません
뛰거나 수영을 하면 안돼요.

❖写真や動画撮影をしてはいけません
사진이나 동영상 촬영을 하면 안돼요.

♨ 浴衣の着方（女性）
유카타 입는 법 (여성)

左側が上にくるように！
왼쪽이 위로 오게!

1

浴衣を左右均等に
なるように羽織る
**유카타를 좌우 균등하게
걸쳐요.**

2
右側の襟を胸元にあわせる
**오른쪽 옷깃을 앞가슴에
맞춰요.**

3
左側の襟を上から重ねる
왼쪽 옷깃을 위에 포개요.

4

腰骨に重ねるように帯を巻き
付ける
**허리뼈에 포개듯이
오비를 감아요.**

帯の中心をお腹に合わせ、
帯を後ろでクロス！
**오비(허리띠)의 중심을
배에 맞추고 오비를
뒤에서 크로스!**

男性の場合
남성의 경우

前で蝶結びし、
時計回りに後ろへまわす
**앞쪽에서 나비매듭으로 묶고
시계 방향으로 뒤로 돌려요.**

5

帯を前に持ってきて、蝶結
びで完成！
**오비를 앞으로 가져와
나비매듭으로 완성!**

---

❼걸치다 羽織る　**❽**오른쪽 右　**❾**왼쪽 左　**❿**포개다 重ねる　**⓫**뒤 後ろ　**⓬**시계 방향 時計回り　**⓭**앞 前

Wi-Fi
ワイパイ
와이파이

スタッフ
ステプ
스태프

フロント
プロントゥ
프런트

宿泊客
スッパッケク
숙박객

予約
イェヤク
예약

チェックイン
チェクイン
체크인

荷物
チム
짐

チェックアウト
チェクアウッ
체크아웃

単語帳

ロビー	貴重品	シングルルーム	ダブルルーム	ツインルーム
ロビ	クィジュンプム	シングルルム	トブルルム	トゥウィンルム
로비	**귀중품**	**싱글룸**	**더블룸**	**트윈룸**
ルームサービス	ビュッフェ	エアコン	冷房	暖房
ルムソビス	プィペ	エオコン	ネンバン	ナンバン
룸서비스	**뷔페**	**에어컨**	**냉방**	**난방**
浴室	ベッド	シーツ	枕	ソファ
ヨクシル	チムデ	シトゥ	ペゲ	ソパ
욕실	**침대**	**시트**	**베개**	**소파**
電気	テーブル	イス	ドライヤー	アメニティ
チョンギ　ブル	テイブル	ウィジャ	トゥライオ	オメニティ
전기 / 불	**테이블**	**의자**	**드라이어**	**어메니티**

単語帳

大浴場	サウナ	風呂桶	タオル	シャワー
テヨッチャン	サウナ	パガジ	タオル	シャウォ
대욕장	사우나	바가지	타올	샤워
シャンプー	リンス／コンディショナー	トリートメント	ボディソープ	泉質
シャムプ	リンス　コンディショノ	トゥリトゥモントゥ	バディ　ウォシ	チョンジル
샴푸	린스 / 컨디셔너	트리트먼트	바디 워시	천질
効能	神経痛	筋肉痛	関節痛	皮膚疾患
ヒョヌン	シンギョントン	クニュクトン	クァンジョルトン	ピブジルァン
효능	신경통	근육통	관절통	피부질환
冷え性	貧血	疲労回復	健康増進	不眠症
ネンッチュン　ネンハンチェジル	ビニョル	ピロフェボク	コンガンジュンジン	プルミョンッチュン
냉증 / 냉한 체질	빈혈	피로회복	건강증진	불면증

温泉
온천

温泉と言えば日本のイメージが強いですが、実は韓国にも温泉が湧いている場所が
あります。日本の温泉と少し違う点は、いわゆるスーパー銭湯のような施設が多いこ
とでしょうか。

尺山温泉 ^{チョクサ} ^{ノンチョン} 척산 온천

五色炭酸温泉 ^{オセク} ^{タンサ} ^{ノンチョン} 오색 탄산 온천

驪州温泉 ^{ヨジュ} ^{オンチョン} 여주 온천

水安堡温泉 ^{スアンボ} ^{オンチョン} 수안보 온천

温陽温泉 ^{オニャン} ^{オンチョン} 온양 온천

白岩温泉 ^{ペガ} ^{モンチョン} 백암 온천

徳山温泉 ^{トクサ} ^{ノンチョン} 덕산 온천

釜谷温泉 ^{プゴ} ^{ゴンチョン} 부곡 온천

儒城温泉 ^{ユソン} ^{オンチョン} 유성 온천

東莱温泉 ^{トンネ} ^{オンチョン} 동래 온천

智異山温泉 ^{チリサ} ^{ノンチョン} 지리산 온천

山房山炭酸温泉 ^{サンバンサン} ^{タンサ} ^{ノンチョン} 산방산 탄산 온천

王様が愛した温泉地

忠清南道牙山市にある「温陽温泉（온양 온천）」は韓国で
最も古い温泉として知られています。人々に温泉として利
用されるようになってから600年余り。朝鮮時代には世宗
大王をはじめ、多くの王が病気の治療のために泊まった記
録があります。現在も街中には温泉施設が多数。泉質はア
ルカリ性で、湧出温度は44℃～60℃と高温。皮膚病、神経
痛など各種疾病治療に効果が高いことが知られています。

韓国式スーパー銭湯
찜질방
ッチムジルパン

日本の銭湯は韓国語で「목욕탕」といいます。これにサウナや娯楽施設がついているのが韓国式スーパー銭湯の「チムジルバン (찜질방)」。最近は、プールやカラオケ、ネイルサロンなど、家族やカップル、友だち同士でくつろげるスペースを備えた施設も増えています。繁華街や学生街にも多く、ほとんどの施設が24時間営業なので宿泊費が節約できるというメリットも。

利用方法

❶ 受付で料金を支払い、タオルや専用服、脱衣所のロッカーの鍵を受け取る
❷ ロッカールームへ移動
❸ 大浴場で体を洗う
❹ 専用服に着替えて共用スペースへ
❺ サウナ、食堂、エステ、休憩室などを利用しよう

定番スタイルに挑戦！

韓国ドラマやバラエティー番組でこのスタイルを見たことがある方も多いのでは？
タオルを羊 (양) の頭 (머리) のように巻くことから「양머리」と呼ばれています。
三つ折りしたタオルの両端をくるくると外側に巻いたら、中心部を広げて完成！

定番のおやつは?

シッケ (식혜) とゆで卵 (삶은 달걀) です。シッケとは、お米を発酵させて作る韓国伝統飲料のこと。消化を促進する効能があり、味は日本の甘酒と似ています。アルコールはほぼ入っていないため、子供でも飲めます。

🔊 Track 18

Phrase 18 旅先で

客

スタッフ

1. 매표소는 어디예요?
メピョソヌン　オディエヨ

チケット売り場はどこですか?

➡ **화장실** トイレ ／ **안내소** 案内所 ／ **엘리베이터** エレベーター ／ **코인로커** コインロッカー
ファジャンシル　　　　　アンネソ　　　　　　　エルリベイト　　　　　　　　コインロコ
／ **입구** 入口 ／ **출구** 出口
イック　　　チュルグ

이쪽입니다.
イッチョギムニダ

こちらです。

客

2. 몇 시까지 열어요?
ミョッ　シッカジ　ヨロヨ

何時まで開いていますか?

오후 6시까지입니다.
オフ　ヨソッシッカジイムニダ

午後 6 時までです。

客

3. 정기 휴일은 언제예요?
チョンギ　ヒュイルン　オンジェエヨ

定休日はいつですか?

수요일입니다.
スヨイリムニダ

水曜日です。

スタッフ

4. 한국어 음성 가이드 필요하세요?
ハングゴ　ウムソン　ガイドゥ　ピリョハセヨ

韓国語の音声ガイドはご利用になりますか?
➡ **팜플렛** パンフレット
パムプルレッ

---

5. 사진 촬영 및 음식 섭취는 삼가해 주세요.
サジン　チャリョン　ミッ　ウムシク　ソプチュィヌン　サムガヘ　ジュセヨ

写真撮影および飲食はお控えください。

ワンポイント　❶열다 開く、開ける(⇔닫다 閉める) ❷오후 午後(⇔오전 午前) ❸정기 휴일 定休日 ❹및 および ❺삼가하다 控える

Phrase 19　買い物

1. 오래 기다리셨습니다.
オレ　ギダリショッスムニダ
お待たせいたしました。

2. 입어 보시겠어요?
イボ　ボシゲッソヨ
ご試着されますか？
👉 **입어 봐도 돼요?** 試着してもいいですか？

3. 면세 매장이 아니에요.
ミョンセ　メジャンイ　アニエヨ
免税店ではありません。

4. 따로따로 넣어 드릴까요?
ッタロッタロ　ノオ　ドゥリルッカヨ
別々に入れましょうか？
👉 **같이** 一緒に

5. 봉투 필요하세요?
ポントゥ　ピリョハセヨ
袋はご利用になりますか？
👉 **종이 봉투** 紙袋 ／ **비막이 커버** 雨よけカバー ／ **영수증** レシート

6. 일시불이세요?
イルッシブリセヨ
一括払いでよろしいですか？
👉 **할부** 分割払い

7. 신용카드를 꽂아 주세요.
シニョンカドゥルル　ッコジャ　ジュセヨ
クレジットカードを差し込んでください。

8. 반품이나 교환을 원하시면 영수증 가져오세요.
パンプミナ　キョファヌル　ウォナシミョン　ヨンスジュン　カジョオセヨ
返品や交換をご希望の場合はレシートをお持ちください。

❻오래 長く、長い間　❼〜이/가 아니에요 〜ではありません　❽넣다 入れる　❾꽂다 差し込む　❿원하다 希望する

ローカルチェーン店
로컬 체인점

ローカルパン
로컬빵

道民は普段当たり前に食べていても、実は北海道でしか販売していないパンやお菓子もあります。

홋카이도 사람들은 평소 당연하게 먹고 있지만 사실 홋카이도에서만 판매하고 있는 빵이나 과자도 있어요.

どんぐり
돈구리

ちくわパン発祥の店。ちくわの中に自家製のツナサラダを入れ、ふわふわのパンで包んで焼き上げています。

치쿠와(어묵)빵이 태어난 가게. 치쿠와 안에 직접 만든 참치 샐러드를 넣고 푹신한 빵으로 싸서 구워냈어요.

どんぐりの
ちくわパン豆知識
치쿠와빵 토막상식

▶「おかずみたいなパンが食べたい」というお客さんのリクエストから生まれました。

'반찬 같은 빵을 먹고 싶다'는 손님의 요청으로 탄생했어요.

▶パンに負けない食感にするために、特注したちくわを使っています。

빵에 지지 않을 식감을 만들기 위해, 특별 주문한 치쿠와를 사용하고 있어요.

---

❶ビタミンカステーラ（高橋製菓）
비타민 카스텔라

世代を越えて愛される1921年(大正10年)からのロングセラー。栄養面にも配慮して作られたカステラです。

천구백이십일 년부터 세대를 초월해서 사랑받는 스테디셀러. 영양 면도 생각하여 만든 카스텔라예요.

❷豆パン（日糧製パン）
콩빵

パン生地に甘納豆が練りこまれた豆パンは、学校の給食にも出るほど子供のころから親しまれている味です。

빵 반죽에 아마낫토가 든 콩빵은 학교 급식에도 나올 정도로 어릴 때부터 친숙한 맛이에요.

❸ようかんツイスト
（日糧製パン）
양갱 트위스트

クリームの入ったパンをようかんでコーティングしています。チョコレートではありません！

크림이 들어간 빵을 양갱으로 코팅했어요. 초콜릿이 아니에요!

ダイイチ
다이이치

おはぎ 오하기

北海道で展開するスーパー。十勝産の小豆を100%使用し、毎朝手作りしているおはぎが人気です。

홋카이도에 있는 마트. 도카치산 팥을 백 퍼센트 사용해서 매일 아침 직접 만드는 오하기가 인기예요.

みよしの
미요시노

ぎょうざカレー 교자 카레

老舗チェーン店。餃子とカレーのユニークな組み合わせが地元民に愛され続けています。

노포 체인점. 교자와 카레의 독특한 조합이 현지인들에게 꾸준히 사랑받고 있어요.

MORIHICO. 모리히코

自家焙煎のコーヒーや自家製デザートが人気のカフェ。おしゃれな雰囲気で居心地が良いと評判です。

직접 로스팅한 커피나 수제 디저트가 인기 있는 카페. 세련된 분위기로 아늑하다는 평을 받고 있어요.

ワンポイント ❶平素 普段 ❷영양 栄養 ❸반찬 おかず ❹요청 リクエスト ❺급식 給食 ❻분위기 雰囲気

道民の味方!

セイコーマート
세이코마트

1971年に1号店がオープンした老舗コンビニ。今では北海道内に1000店舗以上を構え、道民の暮らしを支えています。地元の素材にこだわった多数のオリジナル商品が人気です。

천구백칠십일 년에 일 호점을 오픈한 노포 편의점. 지금은 홋카이도 안에 천 개 이상을 차려서 홋카이도 사람들의 생활을 떠받치고 있어요. 현지 식자재를 고집한 다수의 오리지널 상품이 인기예요.

ホットシェフ
핫셰프

セイコーマートの魅力といえば何と言っても「ホットシェフ」。店内のキッチンで手作りしているため、温かいまま食べられます。

세이코마트의 매력이라고 하면 뭐니 뭐니 해도 '핫셰프'. 편의점 안 주방에서 직접 만들기 때문에 따뜻한 상태로 먹을 수 있어요.

スイーツ
디저트

代表的なスイーツ商品は、「北海道メロンソフト」。規格外になった北海道産メロンを活用して作られています。

대표적인 디저트 상품은 '홋카이도 멜론 소프트'. 규격 외의 홋카이도산 멜론을 활용해서 만들어요.

麺類
면류

店内で炊いたお米で握っています。
가게에서 직접 지은 밥으로 만들어요.

カツ丼
가츠동

厚みのあるトンカツがのっています。
두꺼운 돈가스를 올려요.

大きなおにぎり
큰 삼각김밥

安くてボリュームたっぷり!
싸고 양이 많아요!

フライドポテト
감자튀김

北海道メロンソフト
홋카이도 멜론 소프트

どら焼
도라야키

京極の名水珈琲ゼリー
교고쿠의 명수 커피 젤리

通称「100円パスタ」
통칭 '백 엔 파스타'

100円台から買うことができる麺類は、ペペロンチーノや焼きうどんなど種類豊富。具材もたっぷり入っています!

백 엔대부터 살 수 있는 면류는 알리오올리오나 야키우동 등 종류가 풍부해요. 재료도 듬뿍 들어 있어요!

107

---

❼生活 暮らし、生活　❽떠받치다 支える　❾따뜻하다 温かい(⇔차갑다 冷たい)　❿짓다 炊く　⓫활용하다 活用する

韓国の
基礎知識

韓流の舞台
한류의 무대

韓流の舞台は、たちまち人気観光スポットへと様変わり。
北海道にも、韓国人が聖地巡礼に訪れるスポットがあります。

「冬のソナタ」

南怡島 남이섬
ナミソム

2003年に日本中に韓流ブームを起こしたドラマ「冬のソナタ」。このドラマのロケ地「南怡島」は北漢江に浮かぶ半月型の島で、ソウルからは約1時間。学生のサークル合宿や日帰り旅行などでもよく使われるスポットです。島までは船で5〜10分ほど。自然豊かなスポットなのでゆっくり散策してみては。

「梨泰院クラス」

梨泰院 이태원
イテウォン

梨泰院は外国人が多く集まる異国的な雰囲気の町。世界各国の料理店があるので、ソウルにいながらも手軽に外国気分を味わえる場所として若者に人気です。重要シーンでも度々登場していた緑莎坪歩道橋からはNソウルタワーが見えます。この歩道橋を渡って、主人公が経営した居酒屋を訪ねてみて。

「トッケビ」

注文津 주문진
チュムンジン

主人公たちが出会ったのが注文津の防波堤。注文津は江原道・江陵の北部にある港町で、青く澄んだ海の色が美しく、フォトジェニックな写真が撮れます。海岸沿いに位置するため、新鮮な海産物も豊富。この注文津には人気アーティストBTSのジャケット撮影地になったバス停も！

龍仁大長今パーク

용인 대장금 파크
ヨンイン デジャングム パク

「宮廷女官チャングムの誓い」「イ・サン」「太陽を抱く月」など、多くの時代劇の撮影がここで行われています。新羅時代から朝鮮時代までの建築物が立ち並び、まるでタイムスリップしたよう。伝統的な生活空間が細部まで再現されています。アイドルのMVの撮影やCMの撮影に使われることも。

韓流スター通り

한류스타거리
ハルリュスタゴリ

狎鴎亭は人気韓流スターが所属する芸能事務所が集まるエリア。狎鴎亭ロデオ駅前の大通りでは「カンナムドル」という大きなクマのオブジェが17体並びます。K-POPを代表するグループのイメージをそれぞれデザインしたもので、韓流スター通りの象徴的存在。好きなアイドルのカンナムドルを探してみましょう。

映画「Love Letter」
영화 '러브레터'

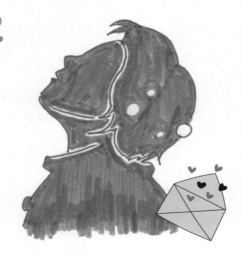

「おげんきですかー？」。日本語を知らない韓国人でも知っているこの言葉、実は1995年（韓国では1999年）に公開され、韓国で大ヒットした日本映画「Love Letter」に出てくる台詞なんです。恋人が遭難死した山に向かって、「おげんきですか」と叫ぶ切ないシーンが多くの韓国人の心を掴みました。20年以上前の映画ですが、初恋を思い出させる映画として今でも韓国人に愛されており、舞台となった小樽には、毎年たくさんの韓国人観光客が聖地巡礼に訪れます。

あらすじ 主人公・渡辺博子は亡くなった婚約者・藤井樹の三回忌に参列後、彼の母から見せてもらった中学時代の卒業アルバムから、彼が当時住んでいた小樽の住所を見つけ、手紙を出す。すると不思議なことに亡くなったはずの樹から返事が届く。実は、婚約者と同じ中学校に通っていた同姓同名の女性「藤井樹」から送られた返事だったのだ。博子は女性の「藤井樹」と手紙をやり取りしながら初恋に思いを馳せる。

ロケ地

色内町交差点
博子と樹が遭遇する場所。樹が振り向くシーンが有名。

**旧日本郵船
小樽支店**
樹の職場の図書館。博子から届いた手紙を友達と読んだ場所。

小樽運河プラザ
博子がガラス工房を探していた場所。

船見坂
郵便配達員が手紙を運んだ急坂。高台からは小樽港を往来する船が見られる。

韓国コンテンツの中の北海道

**韓国映画
「ユンヒへ」**
冬の小樽が登場。「Love Letter」で描かれた小樽と比べてみると、より面白いかも。

**韓国ドラマ
「ラブレイン」**
富良野・美瑛と旭川エリア（第5・6話）が登場。富良野グルメ「オムカレー」を食べるシーンも。

**K-pop（MV）
「Merry-Chri」（BoA）**
星野リゾートトマム内にある「水の教会」で撮影。普段は結婚式場として人気。

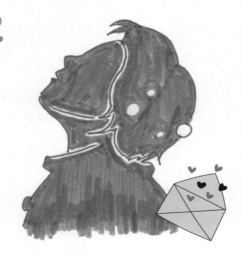

109

Phrase 20 | レストランで

スタッフ

客

1. 어서오세요. 몇 분이세요?

オソオセヨ　　ミョッ　プニセヨ

いらっしゃいませ。何名様ですか?

혼자요.

ホンジャヨ

1人です。

スタッフ

2. 죄송합니다.
지금 자리가 다 찼습니다.

チェソンハムニダ
チグム　チャリガ　タ　チャッスムニダ

申し訳ございません。
ただいま満席です。

客

얼마나 기다려야 돼요?

オルマナ　キダリョヤ　ドェヨ

どれくらい待ちますか?

客

3. 저기요. 주문할게요.

チョギヨ　　チュムナルッケヨ

すみません。注文します。

スタッフ

잠시만 기다리세요.

チャムシマン　キダリセヨ

少々お待ちください。

110))

食に関する表現

マシッソヨ **맛있어요**	おいしいです	マドゥプソヨ **맛없어요**	まずいです	ッチャヨ **짜요**	しょっぱいです
シンゴウォヨ **싱거워요**	味が薄いです	チネヨ **진해요**	味が濃いです	タラヨ **달아요**	甘いです
メウォヨ **매워요**	辛いです	ッソヨ **써요**	苦いです	ミジグネヨ **미지근해요**	ぬるいです
ットゥゴウォヨ **뜨거워요**	熱いです	チャガウォヨ **차가워요**	冷たいです		

4. <u>앞접시</u> 주세요.

アッチョプシ　ジュセヨ

取り皿をください。

👉 **물** 水 ／ **물수건** おしぼり ／ **메뉴** メニュー
ムル　　　ムルッスゴン　　　　　　メニュ

5. <u>와사비 빼</u> 주세요.

ワサビ　ッペ　ジュセヨ

わさび抜きでお願いします。

👉 **겨자** からし ／ **파래** 青のり ／ **고수** パクチー
キョジャ　　　　　　パレ　　　　　　コス

6. <u>안 맵게</u> 해 주세요.

アン　メッケ　ヘ　ジュセヨ

辛くしないでください。

👉 **덜 맵게 해 주세요.** 辛さ控えめにしてください。
トル　メッケ　ヘ　ジュセヨ

7. <u>그릇 치워</u> 주세요.

クルッ　チウォ　ジュセヨ

お皿を片付けてください。

スタッフ

8. 테이블석하고 카운터석 중에서 어느 쪽으로 하시겠어요?

テイブルソカゴ　カウントソッ　チュンエソ　オヌ　ッチョグロ　ハシゲッソヨ

テーブル席とカウンター席、どちらになさいますか?

9. 요금은 선불입니다.

ヨグムン　ソンブリムニダ

料金は先払いです。

👉 **후불** 後払い
フブル

10. 물은 셀프입니다.

ムルン　セルプイムニダ

水はセルフサービスです。

11. 주문 마감 시간은 9시입니다.

チュムン　マガム　シガヌン　アホプシイムニダ

ラストオーダーは9時です。

---

❼빼다 抜く ❽~아/어 주세요 ~してください(依頼) ❾치우다 片付ける ❿~겠어요? ~しますか?(相手の意思を確認)

イラストで学ぶ！韓国語

買い物
쇼핑

客
ソンニム
손님

セルフレジ
セルプ　ゲサンデ
셀프 계산대

現金投入口
ヒョングム　トゥイック
현금 투입구

レジ袋
ポントゥ
봉투

バーコード
パコドゥ
바코드

エコバッグ
エコベク
에코백

ポイントカード
ポイントゥカドゥ
포인트카드

カート
ショピン　カトゥ
쇼핑 카트

カゴ
パグニ
바구니

レジ
ケサンデ
계산대

現金
ヒョングム
현금

112

単語帳				
おつり コスルムットン **거스름돈**	クレジットカード シニョンカドゥ **신용카드**	電子マネー チョンジャファペ **전자화폐**	商品券 サンプムックォン **상품권**	割引クーポン ハリン　クポン **할인 쿠폰**
レシート ヨンスジュン **영수증**	税金 セグム **세금**	消費税 ソビセ **소비세**	価格 カギョク **가격**	値下げ カギョ　ギンハ **가격 인하**
営業時間 ヨンオプシガン **영업시간**	返品 パンプム **반품**	交換 キョファン **교환**	不良品 プルリャンプム **불량품**	在庫 チェゴ **재고**
新品 シンプム　セ　ムルゴン **신품 / 새 물건**	中古 チュンゴ **중고**	プレゼント用 ソンムルリョン **선물용**	試着 シチャク　ピティン **시착 / 피팅**	セール セイル **세일**

イラストで学ぶ！韓国語

外食
외식

単語帳

食べ放題	ドリンクバー	ティッシュ	紙ナプキン	取り皿
ムハン リピル	トゥリンクパ	ティッシュ	チョンイ ネプキン	アッチョプシ
무한 리필	드링크바	티슈	종이 냅킨	앞접시
フォーク	ナイフ	オススメ	おかず	大盛り
ポク	ナイブ	チュチョン	パンチャン	コッペギ
포크	나이프	추천	반찬	곱빼기
おかわり	無料	割り勘	おごる	個室
リピル	ムリョ	トチペイ	サジュダ	ケビョルルム
리필	무료	더치페이	사주다	개별룸
おつまみ	酒	白米	玄米	雑穀米
アンジュ	スル	ヒンッサル ／ ペンミ	ヒョンミ	チャッコク
안주	술	흰쌀 ／ 백미	현미	잡곡

あのネタを韓国語で!

초밥 재료를 한국어로!

北海道の食の代表はなんといってもすし！ 回転ずしでは新鮮なネタを手ごろな料金で楽しめます。

홋카이도의 대표 음식은 뭐니 뭐니 해도 초밥!
회전 초밥집에서는 신선한 재료를 저렴한 가격으로 즐길 수 있어요.

迷ったらこの一言！

旬のネタは何ですか？

제철 재료는
チェチョル ジェリョヌン

뭐예요?
ムォエヨ

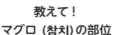

わさび
와사비

醬油
간장

いらっしゃい！
어서오세요!

教えて！
マグロ (참치)の部位

大トロ (오토로)

腹身で最も脂が多い部分
뱃살에서 기름기가 가장 많은 부분

中トロ (주토로)

腹身と背身にあり、適度に脂がのっている部分
뱃살과 등살에 있고 적당히 기름기가 도는 부분

赤身 (아카미)

マグロの背側にあり、脂が少ない部分
참치 등 쪽에 있어서 기름기가 적은 부분

たまご
계란

サバ
고등어

とびっこ
날치알

アジ
전갱이

マグロ
참치

今が旬!! まぐろ 250円

納豆巻
낫토 김초밥

ワンポイント ❶초밥/스시 すし ❷제철 旬 ❸뱃살 腹身 ❹등살 背身 ❺기름기가 돌다 脂がのる

❖お品書き　メニュー판

| サーモン 연어 | カツオ 가다랑어 | エビ 새우 | イワシ 정어리 | カンパチ 잿방어 | ヒラメ 넙치 | 鯛 도미 | つぶ貝 고둥 | ほっき貝 함박조개 | 穴子 붕장어 | ウナギ 장어 | 中トロ 주토로 | 大トロ 오토로 |

お品書き　メニュー판

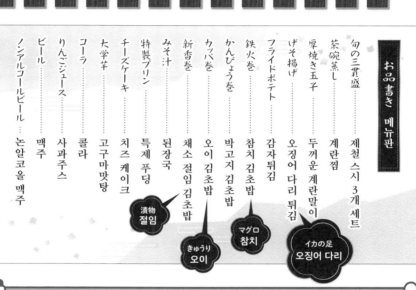

旬の三貫盛り　제철 스시 3개 세트
茶碗蒸し　계란찜
厚焼き玉子　두꺼운 계란말이
げそ揚げ　오징어 다리 튀김
フライドポテト　감자튀김
鉄火巻　참치 김초밥
かんぴょう巻　박고지 김초밥
カッパ巻　오이 김초밥
新香巻　채소 절임 김초밥
みそ汁　된장국
特製プリン　특제 푸딩
チーズケーキ　치즈 케이크
大学芋　고구마맛탕
コーラ　콜라
りんごジュース　사과주스
ビール　맥주
ノンアルコールビール … 논알코올 맥주

漬物 절임
きゅうり 오이
マグロ 참치
イカの足 오징어 다리

韓国語でどう説明する?

❖ シャリ (すし飯・酢飯)
チョバムニョン　パプ
초밥용 밥

❖ ガリ (新生姜の甘酢漬け)
タン　シクチョエ　チョリン　センガン
단 식초에 절인 생강

❖ ネタ (シャリにのせる具のこと)
チョバムニョン　パベ　オルリン　チェリョ
초밥용 밥에 올린 재료

❖ 軍艦
(シャリを海苔で巻き、上にネタを乗せたもの)
チョバムニョン　パブル　キムロ　ッサソ　ク
초밥용 밥을 김으로 싸서 그
ウィエ　チェリョルル　オルリン　ゴッ
위에 재료를 올린 것

❖ 炙り (ネタをバーナーで炙ったもの)
チョバプ　チェリョルル　トチロ　イキン　ゴッ
초밥 재료를 토치로 익힌 것

❻채소 野菜　❼특제 特製　❽논알코올 ノンアルコール　❾달다 甘い　❿김 海苔　⓫토치 バーナー

外食
외식

韓国の外食文化は独特で魅力的。韓国に行ったらぜひ試してみて。

デリバリー 배달

韓国ドラマなどでデリバリーを頼むシーンを見たことがある方も多いのではないでしょうか。デリバリーは「배달 (配達)」といいます。韓国のデリバリーはバラエティー豊か。ポッサム (보쌈) やカンジャンケジャン (간장게장) などの料理はもちろん、かき氷 (빙수) やコーヒーまで、電話一本でスピーディーに配達されます。中でも定番はチキン (치킨) とジャージャー麺 (짜장면)。ジャージャー麺のデリバリーは、配達用のおかもち (철가방) に料理を入れて運ばれます。

韓国のデリバリーの特徴は、公園やネットカフェなど、どこへでも配達可能だということ。ソウルにある漢川公園のような広い公園でもおいしい料理をいただけます。料理は公園内に3カ所ある「配達ゾーン」で受け取ります。公園でのんびりチキンとビールはいかが?

韓国のポチャ 한국의 포차

最近、日本で「○○ポチャ」という看板の韓国風居酒屋を見かけます。ポチャとは「포장마차」の略語でビニールシートの「屋台」を指し、お酒やつまみ (안주) が楽しめます。韓国ドラマでもよく見る風景で、簡易テーブルとイスが置かれています。午後6時ごろに開店し、深夜まで営業しているため、締めの一軒として利用する人が多いのが特徴です。

ポチャのメニュー (例)

お酒 술

소주 焼酎	맥주 ビール
막걸리 マッコリ	

つまみ 안주

국수 麺料理	라면 ラーメン
부침개 チヂミ	계란말이 卵焼き
두부김치 豆腐キムチ	오돌뼈 豚の軟骨
꼼장어 ヌタウナギ	닭발 鶏の足
닭똥집 鶏の砂肝	오뎅탕 おでん鍋
골뱅이무침 つぶ貝の和え物	

屋台で手軽に！
노점에서 가볍게!

有名なトッポッキ専門店もあり
ますが、屋台も負けてはいませ
ん。日本のお祭りの出店によく似
た、主に立ち食いタイプの屋台を
「노점」といいます。代表的なメ
ニューはトッポッキ (떡볶이)、ス
ンデ (순대)、揚げ物 (튀김)、海
苔巻き (김밥)、おでん (오뎅)、
トッコチ (떡꼬치) など。スンデ
は豚の腸詰めで、トッコチは餅
(떡) を串 (꼬치) に刺して甘辛い
ソースをかけたものです。**떡튀순**
(トッポッキ＋揚げ物＋スンデ)
セットもおすすめ。

117

Pick up!　屋台へ行ってみよう

まずは注文しよう	すでに料理が並んでいるときは、指さしで「이거 주세요 (これください)」でもOK。
先払いか後払いかは店それぞれ	現金払いのみの店が多いので注意！最近は銀行アプリを通して支払うこともある。
テーブルにある使い捨ての割り箸を使う	皿も使い捨ての場合が多い。
おでん汁は無料	近くにある紙コップでいただく。
テイクアウトもできる	テイクアウトは韓国語で「포장 (包装)」。「포장해 주세요 (持ち帰りにしてください)」と言おう。

Pick up!　海苔巻きの数え方

1本 (한 줄)、2本(두 줄)、3本(세 줄)と数えます。「줄」とは韓国語で「列」を指します。

Phrase 21　困った時は

［交番で］

1. 일본어 할 수 있는 사람 있어요?
イルボノ　ハル　ッス　インヌン　サラム　イッソヨ

日本語を話せる人はいますか?

2. 소매치기 당했어요.
ソメチギ　タンヘッソヨ

スリに遭いました。

➡ **바가지** ぼったくり / **사기** 詐欺 / **들치기** 置き引き / **날치기** ひったくり
　バガジ　　　　サギ　　　　　トゥルチギ　　　　　ナルチギ

3. 갈색 지갑 잃어버렸어요.
カルッセッ　チガプ　イロボリョッソヨ

茶色の財布をなくしました。

➡ 色に関する単語はP139をチェック!

➡ **동전지갑** 小銭入れ / **장지갑** 長財布 / **카드지갑** カード入れ /
　トンジョンジガプ　　　　チャンジガプ　　　　　カドゥジガプ

　휴대전화 携帯電話 / **교통카드** ICカード / **캐리어** スーツケース
　ヒュデチョヌァ　　　　　キョトンカドゥ　　　　　ケリオ

［断るとき］

1. 괜찮아요. / 됐어요.
クェンチャナヨ　　　トェッソヨ

結構です。

2. 필요없어요.
ピリョオプソヨ

いらないです。(必要ありません)

3. 그만하세요.
クマナセヨ

やめてください。

［緊急時］

1. 도와주세요.
トワジュセヨ

助けてください。

2. 도둑이야!
トドゥギヤ

泥棒!

3. 경찰 불러 주세요.
キョンチャル　プルロ　ジュセヨ

警察を呼んでください。
➡ **구급차** 救急車 / **소방차** 消防車
　クグプチャ　　　　ソバンチャ

ワンポイント　❶당하다 遭う、やられる　❷잃어버리다 なくす、落とす　❸그만하다 やめる　❹돕다 助ける　❺부르다 呼ぶ

Phrase 22 病院で

1. 건강 보험증 있어요?
コンガン　ポホムッチュン　イッソヨ

健康保険証はありますか?

2. 문진표를 작성해 주세요.
ムンジンピョルル　チャクソンヘ　ジュセヨ

問診票を書いてください。

3. 복용하는 약 있어요?
ポギョンハヌン　ヤク　イッソヨ

服用している薬はありますか?

☞ 알레르기　アレルギー

4. 처방전을 약국에 가지고 가세요.
チョバンジョヌル　ヤックゲ　カジゴ　ガセヨ

処方箋を薬局にお持ちください。

5. 어디가 안 좋으세요?
オディガ　アン　ジョウセヨ

どうなさいましたか?（どこが調子悪いですか?）

＼症状を伝えよう!／

머리가 아파요.
頭が痛いです。

☞ 배 お腹 / 위 胃 / 목 喉

열이 있어요.
熱があります。

기침이 나요.
咳が出ます。

콧물이 멈추지 않아요.
鼻水が止まりません。

한기가 들어요.
寒気がします。

속이 안 좋아요.
気持ちが悪いです。

현기증이 나요.
めまいがします。

토할 거 같아요.
吐き気がします。

식욕이 없어요.
食欲がありません。

---

❻작성하다 作成する　❼나다 出る　❽멈추다 止まる　❾토하다 吐く　❿～(으)ㄹ 것 같다 ～のようだ(推測)

病院
병원

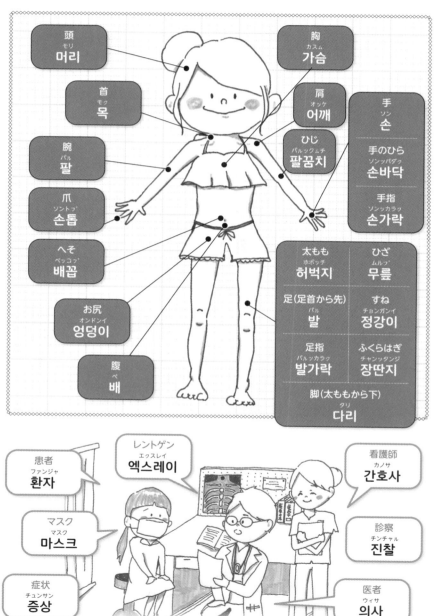

頭	モリ	머리
胸	カスム	가슴
首	モク	목
肩	オッケ	어깨
ひじ	パルックムチ	팔꿈치
腕	パル	팔
手	ソン	손
手のひら	ソンッパダク	손바닥
手指	ソンッカラク	손가락
爪	ソントプ	손톱
へそ	ペッコプ	배꼽
太もも	ホボッチ	허벅지
ひざ	ムルプ	무릎
足(足首から先)	パル	발
すね	チョンガンイ	정강이
足指	パルッカラク	발가락
ふくらはぎ	チャンッタンジ	장딴지
脚(太ももから下)	タリ	다리
お尻	オンドンイ	엉덩이
腹	ペ	배

患者 ファンジャ 환자

レントゲン エクスレイ 엑스레이

看護師 カノサ 간호사

マスク マスク 마스크

診察 チンチャル 진찰

症状 チュンサン 증상

医者 ウィサ 의사

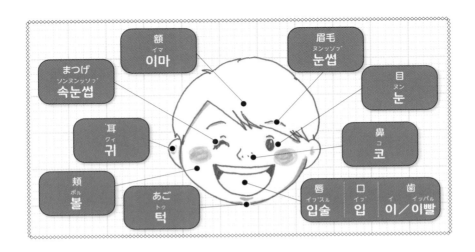

額
イマ
이마

眉毛
ヌンッソプ
눈썹

まつげ
ソンヌンッソプ
속눈썹

目
ヌン
눈

耳
クィ
귀

鼻
コ
코

頰
ボル
볼

あご
トク
턱

唇
イプスル
입술

口
イプ
입

歯
イッパル
이／이빨

単語帳

風邪	感染症	風邪薬	鎮痛剤	体温計	湿布
カムギ	カミョムッチュン	カムギヤク	チントンジェ	チェオンゲ	パス
감기	**감염증**	**감기약**	**진통제**	**체온계**	**파스**
酔い止め	絆創膏	血圧計	注射	めまい	悪寒
モルミヤク	パンチャンゴ	ヒョラッケ	チュサ	ヒョンギッチュン	オハン
멀미약	**반창고**	**혈압계**	**주사**	**현기증**	**오한**
吐き気	頭痛	腹痛	嘔吐	咳	下痢
クヨッチル	トゥトン	ポクトン	クト	キチム	ソルッサ
구역질	**두통**	**복통**	**구토**	**기침**	**설사**
発熱	微熱	高熱	食中毒	負傷	がん
パリョル	ミヨル	コヨル	シッチュンドク	プサン	アム
발열	**미열**	**고열**	**식중독**	**부상**	**암**
骨折	打撲	捻挫	出血	火傷	虫歯
コルッチョル	タバクサン	ヨムジャ	チュリョル	ファサン	チュンチ
골절	**타박상**	**염좌**	**출혈**	**화상**	**충치**

問診票
ムンジンピョ
문진표

受付
チョプス
접수

整理券／番号札
ボノピョ
번호표

処方箋
チョバンジョン
처방전

困ったとき
곤란할 때

韓国の
緊急通報用電話番号

ココがPOINT！

同時通訳サービス
（24時間365日／無料）
電話が難しい時はショートメッセージ、119通報アプリ、ビデオ通話も可能！

その他の相談

苦情相談…110番
　112番、119番以外のあらゆる相談事の窓口

緊急通報

警　　察…112番（日本でいう110番）
　犯罪に巻き込まれたとき

消防・救急…119番（日本の119番と同じ）
　急病や火災、交通事故など、消防車や救急車を呼びたいとき

ソバン・クグァ
소방·구급
119

ギョンチャル
경찰
112

ミヌォンサンダム
민원상담
110

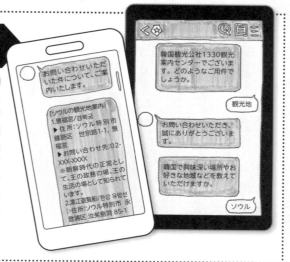

観光通訳案内電話
1330

　韓国観光公社が運営する観光案内サービス。観光通訳案内士の資格を持った専門スタッフが外国人観光客からの様々な問い合わせに24時間無料で答えてくれます。電話（1330番）のほか、LINEやFacebookなどチャット形式での問い合わせにも対応しています。英語・日本語・中国語などの言語選択も可能で、観光地でのトラブルや通訳が必要な際にもサポートしてくれます。

韓国の病院と薬局

日本では病院に行く際に保険証が必要ですが、韓国では保険証の持参は不要です。多くの情報がデジタル化されているため、受付に名前と住民登録番号を伝えるだけですぐに照会できます。日本同様、国民健康保険の制度があり、加入者は自己負担額が軽減されます。病院は患者の保険加入有無や通院記録等についても、住民登録番号を入力すると把握できるようになっています。保険に加入していない外国人観光客は全額自己負担になりますので、渡航前に海外旅行保険に加入しておきましょう。

住民
登録番号
とは？

日本のマイナンバー同様、身分確認のための13桁の番号です。出生届を出すと付与されます。「000000 - 0000000」の形になっており、前半の6桁は生年月日、後半の7桁は性別と任意の番号で構成されています。

日本にはない病院、「韓医院」

韓医学は韓国の伝統医学で、療法としては韓方薬（漢方薬）や鍼灸術、アロマテラピーなどがあります。国民健康保険が適用され、韓医師になるためには韓医科大学を卒業して韓医師の資格を取らなければなりません。朝鮮時代に出版された医学書「東医宝鑑」は韓医学の土台となっており、2009年ユネスコ「世界の記憶」に登録されました。

韓医師が
出るドラマを
見よう！

時代劇では『宮廷女官チャングムの誓い』『ホジュン 宮廷医官への道』『朝鮮精神科医ユ・セプン』、現代劇では『医心伝心〜脈あり!恋あり?』がオススメ！

韓国のドラッグストアには薬がない？

日本でいうドラッグストアのような業態のお店を「ヘルス&ビューティーストア (헬스&뷰티 스토어)」といいます。有名どころは「OLIVE YOUNG」。日本のドラッグストアとの大きな違いは、何といっても薬を販売していないことです。薬を買うには、「薬局 (약국)」に行かなければなりません。韓国の薬局で注意すべきは日曜定休の店が多いこと！ 基本的な薬はコンビニでも売っていますが、種類が少ないため、韓国旅行の際は日本から持っていくことをおすすめします。

韓国で
胃もたれ
といえばこれ！

「까스활명수（カス活命水）」は120年以上にわたって、韓国人の胃を守ってきた胃薬（소화제）です。コンビニでも買えますので、食べ過ぎた際には飲んでみてください。

Phrase 23 衣

[봄 春]

1. 3월에는 조금씩 눈이 녹기 시작하지만 아직 추워요.

サムォレヌン　チョグムッシク　ヌニ　ノッキ　シジャカジマン　アジク　チュウォヨ

3月には少しずつ雪が解け始めますが、まだ寒いです。

2. 홋카이도는 4월에도 눈이 내릴 때가 있어요.

ホッカイドヌン　サウォレド　ヌニ　ネリル　ッテガ　イッソヨ

北海道は4月でも雪が降ることがあります。

3. 4월은 눈이 많이 녹기 때문에 신발이 더러워지기 쉬워요.

サウォルン　ヌニ　マニ　ノッキ　ッテムネ　シンバリ　トロウォジギ　シュィウォヨ

4月は雪解けが進むため、靴が汚れやすいです。

24 🔊 ### [여름 夏]

1. 6월쯤이 되면 낮은 따뜻한 날이 계속돼요.

ユウォルッチュミ　トェミョン　ナジュン　ッタットゥタン　ナリ　ゲソッエヨ

6月ごろになると日中は暖かい日が続きます。

2. 7월에 들어서면 반소매 옷이나 반바지로 생활하는 날이 많아져요.

チルォレ　トゥロソミョン　パンソメ　オシナ　パンバジロ　センファラヌン　ナリ　マナジョヨ

7月に入ると半袖や短パンで過ごせる日が多くなります。

3. 8월이라도 아침저녁으로 쌀쌀한 날이 있어요.

パルォリラド　アチムジョニョグロ　ッサルッサラン　ナリ　イッソヨ

8月でも朝晩は肌寒い日があります。

4. 걸칠 수 있는 얇은 옷이 있으면 좋을 거예요.

コルチル　ッス　インヌン　ヤルブ　ノシ　イッスミョン　チョウル　ッコエヨ

薄手の羽織れるものがあるといいでしょう。

ワンポイント　❶녹다 解ける・溶ける　❷〜기 시작하다 〜し始める　❸더럽다 汚い(⇔ 깨끗하다 清潔だ)　❹쌀쌀하다 肌寒い

[가을 秋]

1. 홋카이도에서는 9월쯤부터 겨울 옷으로 갈아입기 시작해요.

ホッカイドエソヌン　クウォルッチュムブト　キョウ　ロスロ　カライッキ　シジャケヨ

北海道では9月ごろから冬服への衣替えを始めます。

2. 10월이 되면 기온이 한순간에 내려가요.

シウォリ　ドェミョン　キオニ　ハンスンガネ　ネリョガヨ

10月になると気温が一気に下がります。

3. 낮이라도 스웨터나 코트가 필요해요.

ナジラド　スウェトナ　コトゥガ　ピリョヘヨ

日中でもセーターやコートが必要です。

[겨울 冬]

1. 12월부터는 본격적인 겨울이 시작돼요.

シビウォルブトヌン　ポンッキョッチョギン　キョウリ　シジャットェヨ

12月からは本格的な冬が始まります。

2. 홋카이도의 겨울은 춥고 길어요.

ホッカイドエ　キョウルン　チュッコ　キロヨ

北海道の冬は寒くて長いです。

3. 겨울이라도 실내는 따뜻해서 겹쳐 입을 수 있는 옷이 편리해요.

キョウリラド　シルレヌン　ッタットゥテソ　キョプチョ　イブル　ッス　インヌ　ノシ　ピョルリヘヨ

冬でも室内は暖かいので重ね着できる服装が便利です。

4. 머플러나 장갑 등 방한 도구를 잊지 맙시다.

モプルロナ　チャンガッ　トゥン　パンハン　ドグルル　イッチ　マプシダ

マフラーや手袋などの防寒グッズを忘れないようにしましょう。

---

❺내려가다 下がる(⇔ 올라가다 上がる)　❻춥다 寒い(⇔ 덥다 暑い)　❼~지 맙시다 ~しないようにしましょう

冬の服装

겨울 복장

冬の北海道観光を思いっきり楽しむには寒さ対策が欠かせません。

겨울의 홋카이도 관광을 마음껏 즐기려면 추위 대책이 빠질 수 없어요.

耳当てがあるといいね！
**귀마개가
있으면 좋아요!**

首元を守る マフラー
**목을 보호하는
머플러**

保温性の高い
インナー
**보온성이
높은 이너**

室内は暖かいところも多いの
で、重ね着で調節しよう
**실내는 따뜻한 곳도
많으니까 옷을 겹쳐
입고 온도를 조절합시다.**

ウールなどの
厚手のセーター
**모직 등
두꺼운 스웨터**

風を通しにくい生地のズボン
**통풍이 잘 되지 않는
옷감의 바지**

厚手で長めの靴下をはい
て、下からの冷気を防ごう
**두껍고 긴 양말을
신고 아래에서
올라오는 냉기를
막읍시다.**

⚠ WARNING
ブラックアイスバーンに注意！
블랙아이스를 주의!

路面が黒く見えていても、実は薄い氷の
膜があって凍結していることも！　見た
目にだまされないで！
**노면이 검게 보여도 사실 얇은
얼음막이 있어서 얼어 있기도
해요! 겉모습에 속지 마세요!**

防水加工の靴がおすすめ。
防水スプレーも効果的！
**방수 가공 신발을
추천해요. 방수
스프레이도 효과적!**

ワンポイント　❶추위 寒さ(⇔더위 暑さ)　❷조절하다 調節する　❸얇다 薄い　❹속다 だまされる　❺두껍다 厚い

ペンギンのように歩こう！
펭귄처럼 걸으세요!

雪道で転ばないための4カ条
눈길에서 넘어지지 않기 위한 네 가지 조항

✦ 歩幅は小さく！	보폭은 작게!
✦ 足元を踏みつけるように	발밑을 짓밟듯이 걸으세요.
✦ あわてずゆっくり歩く	당황하지 않고 천천히 걸으세요.
✦ 滑りにくい靴をはく	미끄러지지 않는 구두를 신으세요.

帽子をかぶって暖かく
모자를 쓰고
따뜻하게

フード付きのコートを選ぶ。丈はお尻が隠れるくらいがベスト
후드가 달린 코트를
고르세요. 길이는
엉덩이가 가려지는
정도가 베스트예요.

ポケットに手を入れたまま歩かない！
手袋も忘れずに
주머니에 손을
넣은 채로 걷지
마세요! 장갑도
잊지 마세요.

カイロでお腹や背中を温めよう
핫팩으로 배나 등을
따뜻하게 합시다.

カイロ

ファスナー付きバッグで雪の侵入を防ごう
지퍼가 달린 가방으로
눈의 침입을 막읍시다.

スカートなら、タイツの厚さは110デニール以上がおすすめ
치마라면 타이츠의
두께는 백십 데니어
이상을 추천해요.

ハイヒールはNG！
滑り止めの付いた靴で
하이힐은 안돼요!
미끄럼 방지 신발을 신으세요.

❻천천히 ゆっくり ❼신다 (靴を)はく ❽쓰다 (帽子を)かぶる ❾～(으)ㄴ 채 ～したまま ❿핫팩 カイロ ⓫두께 厚さ

Phrase 24　食

➡ 料理名はP130-131

1. 기타미의 지역 음식은 시오야키소바예요.
地名　　　　　　　　　　　料理名

キタミエ　チヨ　グムシグン　シオヤキソバエヨ

北見のご当地グルメは塩焼きそばです。

2. 오비히로의 부타동은 맛있으니까 꼭 드셔 보세요.
地名　　　　料理名

オビヒロエ　ブタドンウン　マシッスニッカ　ッコッ　トゥショ　ボセヨ

帯広の豚丼はおいしいので、ぜひ食べてみてください。

➡ 「○○丼」は「○○덮밥」「○○돈」。
ドッパプ　　　　ドン

　　ハングル表記上「○○돈」が正しいが、「○○동」と表記する場合が多い。

3. 삿포로는 된장 라면이 유명해요.
地名　　　　料理名

サッポロヌン　トェンジャン　ラミョニ　ユミョンヘヨ

札幌はみそラーメンが有名です。

➡ 北海道3大ラーメン=札幌「みそラーメン」、旭川「しょうゆラーメン」、函館「塩ラーメン」

4. 와쇼시장은 '홋카이도 3대 시장' 중 하나예요.

ワショシジャンウン　ホッカイド　サムデ　シジャン　チュン　ハナエヨ

和商市場は北海道３大市場の一つです。

➡ 北海道3大市場=札幌二条市場、函館朝市、釧路和商市場

5. 좋아하는 해산물을 좋아하는 만큼 올려서 나만의 카이센동을 만들 수 있어요.

チョアハヌン　ヘサンムルルル　チョアハヌン　マンク　モルリョソ　ナマネ　カイセンドンウル
マンドゥル　ッス　イッソヨ

好きな海鮮を好きなだけのせて、自分だけの海鮮丼が作れます。

➡ 海鮮丼は 해산물 덮밥 ともいいます。
ヘサンムル　ドッパプ

6. 스프카레는 삿포로에서 탄생한 명물이에요.

スプカレヌン　サッポロエソ　タンセンハン　ミョンムリエヨ

スープカレーは札幌発祥の名物です。

28))

7. **스프카레는 국물 같은 스프가 특징으로 건강에 좋아요.**

スプカレヌン　クンムル　ガトゥン　スプガ　トゥッチンウロ　コンガンエ　チョアヨ

スープカレーはさらさらのスープが特徴で、ヘルシーです。

8. **이카메시는 오징어 안에 찹쌀을 넣고 간장 소스로 조린 전통 요리예요.**

イカメシヌン　オジンオ　アネ　チャプサルル　ノコ　カンジャン　ソスロ　チョリン　チョントン
ヨリエヨ

いかめしは、イカの中にもち米を入れ、しょうゆベースのタレで煮た伝統料理です。

9. **도마코마이 함박조개 카레는 오도독거리는 식감이 특징이에요.**

トマコマイ　ハムバッチョゲ　カレヌン　オドドッコリヌン　シッカミ　トゥッチンイエヨ

苫小牧のホッキカレーはコリコリした食感が特徴です。

10. **스파카츠는 달궈진 철판에 스파게티와 큰 카츠가 올려져 있어요.**

スパカツヌン　タルグォジン　チョルパネ　スパゲティワ　クン　カツガ　オルリョジョ
イッソヨ

スパカツは、熱した鉄板にパスタと大きいカツがのっています。

11. **특제 미트소스도 뿌려져 있고 양이 많아요.**

トゥッチェ　ミトゥソスド　ップリョジョ　イッコ　ヤンイ　マナヨ

特製のミートソースもかかっていて、ボリュームたっぷりです。

12. **<u>무로란</u>의 명물 <u>카레라면</u>을 먹는다면 '<u>아지노 다이오</u>'를 추천해요.**
　　　地名　　　　　　　　料理名　　　　　　　　　　　　　店名

ムロラネ　ミョンムル　カレラミョヌル　モンヌンダミョン　アジノ　ダイオルル　チュチョネヨ

<u>室蘭名物</u>カレーラーメンを食べるなら、「<u>味の大王</u>」がおすすめです。

13. **후라노의 오므카레는 후라노산 식재료를 고집해서 만들어요.**

フラノエ　オムカレヌン　フラノサン　シッチェリョルル　コジペソ　マンドゥロヨ

富良野のオムカレーは富良野産の食材にこだわって作られています。

---

❻건강 健康　❼찹쌀 もち米　❽철판 鉄板　❾뿌리다 振りかける　❿양 量　⓫고집하다 こだわる

ご当地グルメ
지역 음식

旅の楽しみはやっぱり、その土地ならではのグルメを堪能することですね。

**여행의 즐거움은 역시 그 지역 특유의 먹거리를
즐기는 것이에요.**

❶ 札幌
삿포로　スープカレー
스프카레

給食にもでるよ！
급식에도 나와요!

❷ 札幌
삿포로　みそラーメン
된장 라면

❸ 中山峠
나카야마토우게　あげいも
아게이모

ジャガイモが入ってる！
감자가 들어 있어요!

❹ 小樽
오타루　あんかけ焼きそば
앙카케 야키소바

❺ 美唄
비바이　美唄やきとり
비바이 닭꼬치

❻ 森
모리　いかめし
이카메시

❼ 函館
하코다테　塩ラーメン
소금 라면

❽ 室蘭
무로란　カレーラーメン
카레라면

❾ 白老
시라오이　白老バーガー
시라오이 버거

❿ 苫小牧
도마코마이　ホッキカレー
함박조개 카레

⓫ 幌加内
호로카나이　そば
소바

130

⑫ 旭川 아사히카와 / しょうゆラーメン 간장 라면

⑬ 富良野 후라노 / オムカレー 오므카레

牛乳が付いてる！
우유도 나와요!

⑭ 清水 시미즈 / 牛玉ステーキ丼 규타마 스테이크동

⑮ 帯広 오비히로 / 豚丼 부타동

⑯ 北見 기타미 / 塩焼きそば 시오야키소바

⑰ 根室 네무로 / エスカロップ 에스칼로프

⑱ 釧路 구시로 / スパカツ 스파카츠

⑲ 釧路 구시로 / 勝手丼 갓테동

和商市場

バターライスの上にトンカツとデミグラスソース！
버터 라이스 위에 돈가스와 데미글라스 소스!

予算を決めて自分好みの海鮮丼を作ろう
예산을 정해서 자기가 좋아하는 카이센동을 만드세요.

131

北海道「食」の常識

❖ 鶏の唐揚げのことを「ザンギ」と呼ぶ
닭튀김(가라아게)을 '잔기'라고 불러요.

❖ 北海道の赤飯には小豆の代わりに甘納豆が入っている
홋카이도의 팥밥에는 팥 대신 아마낫토가 들어 있어요.

❖ 節分には大豆ではなく落花生をまく
절분에는 콩이 아니라 땅콩을 뿌려요.

❖ コンビニでおにぎりを買うと「あたためますか？」と聞かれる
편의점에서 삼각김밥을 사면 직원이 '데워드릴까요?'라고 물어요.

Phrase 25 住

1. 홋카이도 집에는 눈의 나라다운 아이디어가 들어 있어요.
ホッカイド　チベヌン　ヌネ　ナラダウン　アイディオガ　トゥロ　イッソヨ

北海道の家には雪国ならではのアイデアが詰まっています。

2. 냉기를 막기 위해 풍제실이 있어요.
ネンギルル　マッキ　ウィヘ　プンジェシリ　イッソヨ

冷気を防ぐために「風除室」があります。

3. '풍제실'은 현관 밖에 설치된 유리로 둘러싼 공간이에요.
プンジェシルン　ヒョングァン　バッケ　ソルチドェン　ユリロ　トゥルロッサン　コンガニエヨ

風除室とは玄関の外側をガラスで囲った空間のことです。

👉 「風除室」は韓国にはありません。

4. 홋카이도는 이중창인 집이 많아요.
ホッカイドヌン　イジュンチャンイン　チビ　マナヨ

北海道は二重窓の家が多いです。

5. 추위로 창문이 어는 것을 막기 위해 이중창을 써요.
チュウィロ　チャンムニ　オヌン　ゴスル　マッキ　ウィヘ　イジュンチャヌル　ッソヨ

寒さで窓が凍るのを防ぐため、二重窓を使います。

6. 눈이 쌓이면 눈치우기를 해야 돼요.
ヌニ　ッサイミョン　ヌンチウギルル　ヘヤ　ドェヨ

雪が積もったら雪かきをしなければなりません。

7. 홋카이도 사람들에게 눈치우기는 아주 힘든 작업이에요.
ホッカイド　サラムドゥレゲ　ヌンチウギヌン　アジュ　ヒムドゥン　チャゴビエヨ

道民にとって雪かきはとても大変な作業です。

👉 雪かきは 눈치우기、重機などを使った除雪は 제설 といいます。

8. 겨울에는 난방을 많이 쓰기 때문에 전기세나 가스세가 많이
나와요.
キョウレヌン　ナンバンウル　マニ　ッスギ　ッテムネ　チョンギセナ　ガスセガ　マニ　ナワヨ

冬には暖房をたくさん使うため、電気代やガス代が高くなります。

9. 실내는 따뜻해서 겨울에도 아이스크림을 자주 먹어요.
シルレヌン　ッタットゥテソ　キョウレド　アイスクリムル　チャジュ　モゴヨ

室内は暖かいため、冬でもアイスをよく食べます。

10. 눈에 의한 교통사고를 막기 위해 겨울용 타이어로 교체해야 돼요.
ヌネ　イハン　キョトンサゴルル　マッキ　ウィヘ　キョウルリョン　タイオロ　キョチェヘヤ　ドェヨ

雪による交通事故を防ぐため、冬タイヤに交換しなければなりません。

11. 일부 도로나 인도에는 눈을 녹이는 로드히팅이 설치돼 있어요.
イルブ　ドロナ　インドエヌン　ヌヌル　ノギヌン　ロドゥヒティンイ　ソルチドェ　イッソヨ

一部の道路や歩道には、雪を解かすロードヒーティングが設置されています。

12. 홋카이도에서는 매화와 벚꽃이 같은 시기에 보기 좋게 피어요.
ホッカイドエソヌン　メファワ　ポッコチ　カトゥン　シギエ　ポギ　チョケ　ピオヨ

北海道では梅と桜が同じ時期に見ごろを迎えます。

13. 홋카이도에서는 야생동물에 관한 표지판을 많이 볼 수 있어요.
ホッカイドエソヌン　ヤセンドンムレ　クァナン　ピョジパヌル　マニ　ボル　ッス　イッソヨ

北海道では野生動物に関する標識が多く見られます。
☞ 사슴 シカ ／ 여우 キツネ ／ 너구리 タヌキ ／ 곰 クマ……に注意！

14. 야생동물은 바이러스를 가지고 있는 경우도 있기 때문에
만지지 마세요.
ヤセンドンムルン　パイロスルル　カジゴ　インヌン　キョンウド　イッキ　ッテムネ
マンジジ　マセヨ

野生動物はウイルスを持っていることもあるため、触ってはいけません。

❼～기 때문에 ～ため(理由)　❽～기 위해 ～ため(目的)　❾바이러스 ウイルス　❿～지 마세요 ～しないでください(丁寧な禁止)

「住」の工夫
'집'의 아이디어

無落雪屋根
무락설 지붕

北海道の家には、雪や厳しい寒さから人々の暮らしを守る工夫がたくさんあります。

홋카이도의 집에는 눈이나 강추위로부터
사람들의 생활을 지키는 아이디어가 많이 있어요.

セントラルヒーティング
ボイラーで温水を作って各部屋のパネルヒーターへ
送り込み、家全体を暖める暖房システム
보일러로 온수를 만들어 각 방의 패널 히터로
보내 집 전체를 따뜻하게 하는 난방 시스템.

二重窓
断熱効果を高める
단열 효과를 높여요.

雪かきスコップ

風除室
冷気の流入を防ぐ
냉기의 유입을 막아요.

意外とこたつはない
의외로 코타츠는 없어요.

剣先スコップ
角スコップ
硬い雪に使う
딱딱한 눈에 써요.

雪はね
軽くて扱いやすい！
가볍고 쓰기 쉬워요.

スノープッシャー
雪を押し出す
눈을 밀어내요.

スノーダンプ(ママさんダンプ)
1度に運べる雪の量が最も多い！
한 번에 옮길 수 있는 눈의
양이 가장 많아요!

室内外の温度差が大きい
실내외 온도차가 커요.

ここがPOINT！

平らな屋根
❶ 평평한 지붕

北海道では「無落雪屋根」という平らな屋根が一般
的です。中でも主流なのは「スノーダクト方式」。一
見平らに見えますが、実は中央に向かって緩い勾配
がついていて、解けた雪水がダクト（管）を通って排
出される仕組みです。

홋카이도는 '무락설 지붕'이라고 하는 평평한
지붕이 일반적이에요. 그중에서도 주류인 것은
'스노우 덕트 방식'. 언뜻 보면 평평해 보이지만
사실은 중앙을 향해 완만한 경사가 있어서 녹은
눈이 덕트(관)를 통해서 배출되는 구조예요.

冬でもポカポカな室内
❷ 겨울에도 따뜻한 실내

厳しい寒さにも耐えられるよう断熱性に優れた住宅が
多く、真冬でも家の中では半袖で過ごす人も多い。そ
のため、北海道では冬にアイスがよく売れると言われ
ています。それでも外は真冬！　旅行者は服装に注意
が必要です。

강추위에도 견딜 수 있도록 단열성이 뛰어난 주택이
많아서 한겨울에도 집 안에서는 반소매 차림으로
지내는 사람도 많아요. 그래서 홋카이도에서는
겨울에 아이스크림이 잘 팔린다고 해요. 그래도 밖은
한겨울! 관광객은 복장에 주의가 필요해요.

ワンポイント　❶따뜻하게 하다 暖める　❷평평하다 平らだ　❸견디다 耐える　❹뛰어나다 優れる　❺반소매 半袖(↔ 긴소매 長袖)

北海道の常識!? 홋카이도의 상식!?

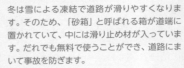

桜の下でジンギスカン
벚꽃 아래에서 징기스칸

北海道では花見をしながらジンギスカンを食べるという風習があります。ゴールデンウイーク前後が桜の開花ピーク。公園などでビールを片手に宴会を楽しむ人の姿が多く見られます。

홋카이도에서는 벚꽃놀이를 하면서 징기스칸을 먹는 풍습이 있어요. 황금연휴 전후가 벚꽃 개화의 절정이에요. 공원 등에서 맥주를 한 손에 들고 파티를 즐기는 사람들의 모습을 많이 볼 수 있어요.

砂箱 모래 상자

冬は雪による凍結で道路が滑りやすくなります。そのため、「砂箱」と呼ばれる箱が道端に置かれていて、中には滑り止め材が入っています。だれでも無料で使うことができ、道路にまいて事故を防ぎます。

겨울에는 눈에 의한 동결로 도로가 미끄러지기 쉬워져요. 그래서 '모래 상자'라고 불리는 상자가 길가에 놓여 있고 그 안에는 미끄럼 방지재가 들어 있어요. 누구라도 무료로 사용할 수 있고 도로에 뿌려 사고를 방지해요.

信号機 신호등

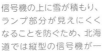

信号機の上に雪が積もり、ランプ部分が見えにくくなることを防ぐため、北海道では縦型の信号機が一般的。また、冬には道路のフチを指し示す「矢羽根」という標識を目印に運転します。

신호등 위에 눈이 쌓여 램프 부분이 잘 안 보이는 것을 방지하기 위해 홋카이도에서는 세로형 신호등이 일반적이에요. 또한 겨울에는 도로의 가장자리를 가리키는 '야바네'를 표식으로 삼아서 운전해요.

野生動物
야생동물

ドライブ中の野生動物との遭遇も珍しいことではありません。「動物注意」の標識を見つけたら、ぶつからないよう注意して運転しましょう。

드라이브 중 야생동물과의 우연한 만남도 보기 드문 일이 아니에요. '동물 주의' 표지판을 발견하면 부딪히지 않도록 주의해서 운전합시다.

結婚式 결혼식

北海道の結婚式は本州のようなご祝儀制ではなく会費制が一般的。会費は15000円程度が相場です。

홋카이도의 결혼식은 혼슈와 같은 축의금제가 아니라 회비제가 일반적이에요. 회비는 요즘 시세로 만오천 엔 정도가 타당해요.

本州より安い！
혼슈보다 싸요！

スキー学習
스키 학습

小中学校では、冬になるとスキー学習があります。地域によってはスケートやカーリングを習うこともあります。

초중학교에서는 겨울이 되면 스키 학습이 있어요. 지역에 따라 스케이트나 컬링을 배우기도 해요.

雪の日の傘
눈 내리는 날의 우산

北海道の雪はサラサラなので、雪が降っていても傘をささずに歩くことが多いです。代わりに、帽子やフード付きのコートを羽織ります。

홋카이도의 눈은 보송보송해서 눈이 내려도 우산을 쓰지 않고 걷는 경우가 많아요. 대신 모자나 후드가 달린 코트를 걸쳐요.

13⁵

---

❻풍습 風習　❼미끄러지다 滑る　❽뿌리다 まく　❾쌓이다 積もる　❿세로 縦(가로 横)　⓫쓰다 (傘を)さす

韓国の基礎知識

衣食住
의식주

伝統衣装　전통의상

韓国の伝統衣装は韓服 (한복) です。日本では「チマチョゴリ」という表現をよく聞きますが、チマ (치마) はスカート、チョゴリ (저고리) は上着を指す言葉で、それぞれ女性の衣装の上と下の名称を表しています。男性の衣装はパジ (바지／ズボン) とチョゴリ。韓服のチョゴリについているリボン (옷고름) は輪っかが左にくるように結びます。

日常生活で着る機会はほとんどありませんが、結婚式、還暦のお祝い、正月やお盆などイベントがある際には韓服を着ます。買うよりレンタルの場合が多いですね。最近は写真映えすると人気で、伝統的な観光地に行く際に着付け体験をして写真を撮る人が増えました。可愛いレース付きや半袖など、新しいデザインの韓服もあります。

お辞儀　큰절

最も丁寧なお辞儀は「큰절」といい、ひざまずいて頭を深く下げます。正月にお年玉をもらう前や、葬式や法事の際に行われ、相手への敬意を表します。日常生活ではあまり見られませんが、成人男性が軍に入隊する前や、新婚旅行から戻ってきた新郎新婦が両親に対して行うことがあります。

食事マナー　식사 예절

韓国では主にステンレス製のスプーンと箸が使われ、縦にそろえて置くのがマナー (箸は右側)。ご飯や汁物はスプーンで、おかずは箸で食べます。また、茶碗やお椀を手に持って食べるのはNGとされています。

引っ越し　이사

韓国は高層マンションが非常に多いため、引っ越しにははしご車 (사다리차) を使うのが一般的です。はしご車の荷台に荷物を載せて、窓やベランダから荷物を上げ下ろしします。韓国ならではの光景ですね。また、引っ越しをするのに縁起がいいと言われている日には依頼が特に集中するため、料金が少し高くなることも。さらに、日本では「引っ越し蕎麦」を食べますが、韓国では引っ越した日にジャージャー麺 (짜장면) を食べるのが定番なんですよ。

韓国の家 / 한국의 집

韓国の伝統家屋は「韓屋 (한옥)」といいます。現代では数が減少し、韓屋村以外では滅多に見られなくなりました。夏は涼しく、冬は暖かく過ごせる仕組みの韓屋。ぜひソウルや全州にある韓屋村に足を運んでみてください。現代では、集合住宅であるアパート (아파트、日本でいうマンション) か単独住宅 (단독주택、日本でいう一軒家) が一般的です。

浴槽 / 욕조

韓国のほとんどの一般家庭には浴槽は付いておらず、シャワーのみが設置されています。湯船で温まりたいときは銭湯へ行きます。韓国でゲストハウスを利用する場合は、周りに銭湯があるかどうかを調べておくとよいでしょう。

間取り / 방의 배치

住宅の間取り図は韓国語で「平面図 (평면도)」といいます。日本では間取りについて説明する際、一般的にはLDKを用いますが、韓国では坪数で表現します。坪は「평」、部屋は「방」、リビングは「거실」、キッチンは「부엌」、トイレは「화장실」。

暖房 / 난방

韓国の一般家屋にはオンドル (온돌) という床暖房装置があります。オンドルとは、温かい (온) 石 (돌) という意味で、昔は床下に石を敷いて暖気の通り道をつくり、かまどから出た煙をそこに通して床上を暖める仕組みでした。

137

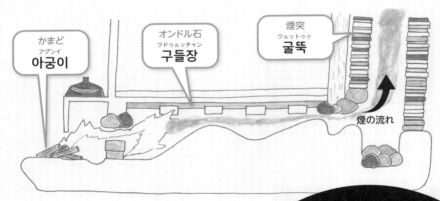

かまど / 아궁이

オンドル石 / クドゥルッチャン / 구들장

煙突 / クルットゥク / 굴뚝

煙の流れ

現在のオンドルは、床下にパイプを設置し、ボイラーを利用して温水を流す仕組みになっています。オンドルはとても暖かいので、他の暖房器具を使わない住宅も多いです。韓屋のゲストハウスや一部のホテルはオンドル部屋を完備していますので、冬の韓国旅行の際は、ぜひ体験してみてください。

キムチ冷蔵庫 / 김치 냉장고

日常的にキムチを食べる韓国では、キムチ専用の冷蔵庫を置く家庭が多くあります。庫内を最適な温度に保ち、発酵の進み具合が表示されるなど、まさにキムチのための冷蔵庫！ 1995年に誕生して以来、韓国人の生活必需品となりました。

イラストで学ぶ！韓国語

メイク
화장품

鏡
コウル
거울

ボディローション
バディロション
바디로션

香水
ヒャンス
향수

クレンジング
フォーム
クルレンジン ポム
클렌징 폼

化粧水
スキン
스킨

くし
ピッ
빗

乳液
ロション
로션

口紅
リプスティク
립스틱

美容液
エセンス
에센스

マニキュア
メニキュオ
매니큐어

BBクリーム
ビビクリム
비비크림

日焼け止め
ソンクリム
선크림／
チャウェソン チャダンジェ
자외선 차단제

パジャマ
チャモッ
잠옷

石鹸
ビヌ
비누

38

すっぴん	化粧下地	ファンデーション	パウダー
ツセンオル メノルグル	メイクオッ ベイス	パウンデイション	パウド
쌩얼 / 맨얼굴	**메이크업 베이스**	**파운데이션**	**파우더**
コンシーラー	チーク	アイライナー	マスカラ
コンシルロ	チク	アイライノ	マスカラ
컨실러	**치크**	**아이라이너**	**마스카라**
ビューラー	アイブロウ	アイシャドウ	ハイライト
ビュロ	ヌンッソプ ペンスル	アイシェドウ	ハイライトゥ
뷰러	**눈썹펜슬**	**아이섀도우**	**하이라이트**
リップグロス	リップクリーム	リップ バーム	クレンジングオイル
リックルロス	リプクリム	リッパム	クルレンジン オイル
립글로스	**립크림**	**립밤**	**클렌징 오일**
リムーバー	毛抜き／ピンセット	油取り紙	コットン
リムボ	チョッチッケ	キルムジョンイ	ファジャンソム
리무버	**족집게**	**기름종이**	**화장솜**
マスクシート	ピーリング	スクラブ	ラメ
マスクペク	ピルリン	スクロブ	パンッチャギ
마스크팩	**필링**	**스크럽**	**반짝이**
乾燥肌	敏感肌	脂性肌／オイリー肌	混合肌
コンソン ピブ	ミンガムソン ピブ	チソン ピブ	ポカプッソン ピブ
건성 피부	**민감성 피부**	**지성 피부**	**복합성 피부**
ジェルネイル	美白	保湿	無香料
チェルネイル	ミベク	ポスブ	ムヒャンニョ
젤네일	**미백**	**보습**	**무향료**
ネックレス	ピアス／イヤリング	イヤーカフ	ヘアゴム
モッコリ	クィゴリ	クィッチ	モリックン
목걸이	**귀걸이**	**귀찌**	**머리끈**

139

白色	黒色	赤色	青色	黄色
ヒンセク ハヤンセク	コムンセク コムジョン	ッパルガンセク	パランセク	ノランセク
흰색 / 하얀색	**검은색 / 검정**	**빨간색**	**파란색**	**노란색**
緑色	黄緑色	ピンク色	水色	紫色
ノクセク チョロクセク	ヨンドゥセク	ピンク プノンセク	ハヌルセク	ポラセク
녹색 / 초록색	**연두색**	**핑크 / 분홍색**	**하늘색**	**보라색**
オレンジ色	肌色／うすだいだい色		ベージュ	グレー
チュファンセク オレンジセク	サルグセク		ペイジ	フェセク
주황색 / 오렌지색	**살구색**		**베이지**	**회색**
ネイビー	茶色	紺色	カーキ色	金色	銀色
ネイビ	カルセク	カムセク	カキセク	クムセク	ウンセク
네이비	**갈색**	**감색**	**카키색**	**금색**	**은색**

SNS
에스엔에스

Twitter
トゥウィット
트위터

Instagram
インスタグレム
인스타그램

💬	返信	タックル **답글**
🔁	リツイート	リトゥウィッ **리트윗**
♡	いいね	チョアヨ **좋아요**
⬆	共有	コンユ **공유**
🏠	ホーム	ホム **홈**
#	ハッシュタグ	ヘシテグ **해시태그**
🔔	通知	アルリム **알림**
✉	メッセージ	ッチョッチ **쪽지**

➕	新規投稿	セ ゲシムル **새 게시물**
♡	お知らせ	アルリム **알림**
✈	チャット	チェティン **채팅**
🔖	コレクション	コルレクション **컬렉션**
▶	リール	リルス **릴스**
🛍	ショップ	シャプ **샵**

Facebook
ペイスブク
페이스북

YouTube
ユテュブ
유튜브

🔍	検索	コムセク 검색
	チャット	チェティン 채팅
	ライブ	ライブ 라이브
	写真・動画	サジン ドンヨンサン 사진·동영상
	ルーム	ルムス 룸스
	ホーム	ホム 홈
	友達	チング 친구
	Watch	ウォチ 워치
	フィード	ピドゥ 피드
	お知らせ	アルリム 알림

	デバイスに 接続	キギエ ヨンギョル 기기에 연결
	高評価	チョアヨ 좋아요
	低評価	シロヨ 싫어요
	共有	コンユ 공유
	オフライン	オプライン チョジャン 오프라인 저장
	保存	チョジャン 저장
	再生	チェセン 재생
	次の動画	タウム ヨンサン 다음 영상
	前の動画	イジョン ヨンサン 이전 영상
	10秒 スキップ	シプチョ ノムギギ 십초 넘기기

付録

漢数詞

0	1	2	3	4	5	6	7	8	9	10
공/영	일	이	삼	사	오	육	칠	팔	구	십

20	30	40	50	60	70	80	90	100	1000	10000
이십	삼십	사십	오십	육십	칠십	팔십	구십	백	천	만

☛ 0：電話番号は「공」、

試合のスコアや気温などは「영」を使う

例）①電話番号の読み方

080-1234-5678
[공팔공의 일이삼사의 오육칠팔]

（ハイフンは「의」で書いて、「에」で発音する）
②スコアの読み方　0対1　[영 대 일]

☛ 1万ではじまるときは、「1」はつけない

例）11000.........× 일만 천　○ 만 천

☛ 漢数詞を使う例

2000ウォン	이천 원
50000円	오만 엔
8分	팔 분
3階	삼 층
205号室	이백오 호실
10番	십 번
1泊2日	일박 이 일
50Kg	오십 킬로그램
60cm	육십 센티미터

固有数詞

1	2	3	4	5	6	7	8	9
하나 (한)	둘 (두)	셋 (세)	넷 (네)	다섯	여섯	일곱	여덟	아홉

10	20	30	40	50	60	70	80	90
열	스물 (스무)	서른	마흔	쉰	예순	일흔	여든	아흔

☛ 1,2,3,4,20は、後ろに単位が付くと形が変わる

例）1個.........× 하나 개　○ 한 개

☛ 100以降は漢数詞を使う

☛ 固有数詞を使う例

1時	한 시
21歳	스물한 살
5個	다섯 개
9名	아홉 명(사람)
3匹	세 마리
8枚	여덟 장
2杯	두 잔
4冊	네 권
10回(回数)	열 번
6本(ペンや鉛筆)	여섯 자루
7本(瓶)	일곱 병

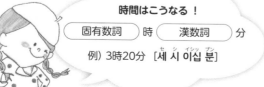

時間はこうなる！

固有数詞 時 漢数詞 分

例）3時20分 [세 시 이십 분]

時を表す

朝	昼	夕方	夜	明け方
아침	점심 / 낮	저녁	밤	새벽
一昨日	昨日	今日	明日	明後日
그저께	어제	오늘	내일	낼모레
先々週	先週	今週	来週	再来週
지지난주	지난주	이번 주	다음 주	다다음 주
先々月	先月	今月	来月	再来月
지지난달	지난달	이번 달	다음 달	다다음 달
一昨年	昨年	今年	来年	再来年
재작년	작년	올해	내년	내후년

月

1月	2月	3月	4月	5月	6月
일월	이월	삼월	사월	오월	유월
7月	8月	9月	10月	11月	12月
칠월	팔월	구월	시월	십일월	십이월

☛ 6月と10月は漢数詞の形が変わるため注意　例) 6月 × 육월　○ 유월

曜日

月曜日	火曜日	水曜日	木曜日	金曜日	土曜日	日曜日
월요일	화요일	수요일	목요일	금요일	토요일	일요일

位置

前	後ろ	上	下	横	右	左	外	中
앞	뒤	위	아래/밑	옆	오른쪽	왼쪽	밖	안/속

季節

春	夏	秋	冬
봄	여름	가을	겨울

方角

東	西	南	北
동쪽	서쪽	남쪽	북쪽

著者略歴

趙　恵真（ちょ・へじん）　韓国・ソウル出身、2013 年来日

北海道大学大学院文学研究科博士課程修了（言語学・文学博士）、札幌国際大学人文学部国際教養学科専任講師（韓国語担当）、コミュニティ FM 三角山放送局「SAPPORO NAVIGATION」「韓国文化発信！　アミ de ラジモララ」パーソナリティー、韓国語教員資格 2 級
共著：『アンビシャス韓国語（入門編）』（2021）北海道大学出版会

小川紗世（おがわ・さよ）　北海道札幌市出身

獨協大学国際教養学部言語文化学科卒業（在学中に韓国へ交換留学）、延世大学校韓国語教員養成課程修了、札幌国際大学国際課 職員（韓国担当）、北海道観光マスター認定、韓国語能力試験（TOPIK）6 級

イラスト	田中里彩
編　集	仮屋志郎（北海道新聞社）
写真協力	中村之則
学生協力	武田美優
	谷　美虹
録音／音声	吉野夏樹／道新デジタルメディア
ブックデザイン	若井理恵

※本書に掲載した写真は、著者が撮影したもの以外に、Adobe Stock や自治体が提供する
　フリー写真、北海道新聞社所蔵のものを含みます。

韓国語で PERAPERA 北海道（ペラペラ）

2023 年 4 月 1 日　初版第 1 刷発行

著　者　趙　恵真（ちょ・へじん）・小川紗世（おがわ・さよ）

発行者　近藤　浩

発行所　北海道新聞社

　　　　〒 060-8711 札幌市中央区大通西 3 丁目 6

　　　　出版センター （編集） 電話 011-210-5742

　　　　　　　　　　　（営業） 電話 011-210-5744

印　刷　中西印刷株式会社

乱丁・落丁本は出版センター（営業）にご連絡くださればお取り換えいたします。
ISBN978-4-86721-093-2